하루만에 이해하는

챗GPT
활용법

◆ 프롬프트(질문) 활용 가이드북 ◆

오현석 지음

심통

하루만에 이해하는 챗GPT 활용법

초판 1쇄 발행 2023년 5월 25일

지은이 오현석
펴낸이 방세근
펴낸곳 도서출판 심통
출판등록 2003년 3월 24일
주소 경기도 의정부시 전좌로 204, 203호
전화 번호 070-7397-0492
팩스 번호 031-624-4830
이메일 basaebasae@naver.com
인쇄/제본 미래 피앤피
표지 디자인 디박스
내지 디자인 이기숙

가격 19,000원
ISBN 979-11-979730-5-5 (13000)

ChatGPT가 세상에 나와 처음 사용한 날을 아직도 잊지 못한다. 그 순간은 처음 스마트폰으로 인터넷에 접속한 순간이나 알파고가 이세돌을 이긴 순간만큼이나 충격적이었다. 인공지능 분야를 공부했고, 이 분야에서 연구하는 연구자로써 되도록 많은 사람들과 인공지능의 발전 중 중요한 사건이 될 만한 순간을 공유하고 싶었다. 이왕 공유할 것이라면, 사람들에게 도움이 될 만한 책을 쓰는 것이 어떨까 생각했다. 일반인 대상으로 책을 쓴다면, 가장 중요한 것은 역시 이해하기 쉬운 활용법이 아닐까 싶었다.

이미 ChatGPT 관련 서적들이 많이 출간되어 있다. 대부분은 어떻게 업무에 ChatGPT를 적용할 수 있을지를 다루고 있다. 또 ChatGPT의 동작 원리, 능력을 소개하는 내용들이 많다. 필자 또한 연구자이자 개발자로『개발자를 위한 챗GPT 활용법』을 집필하여 개발자들이 어떻게 업무에 챗GPT를 활용할 수 있는지를 소개한 바 있다. 하지만 이번 책은 일반인을 대상으로 했다. 이 책에서는 이전 책과 중복되는 내용을 최소화하고, 실제로 독자분들이 어떻게 해야 '일상'에 ChatGPT를 스며들게 할지를 고민했다.

지인들과의 대화를 통해 ChatGPT 사용에 어떤 어려움이 있는지를 조사했다. 그 과정에서 많은 사람들이 ChatGPT에 어떻게 질문해야 할지 고민하고 있다는 것을 알게 됐다. 얻고자 하는 정답은 정해져 있는데, 이를 효과적으로 도출하는 질문을 어떻게 해야 하는지 어려워했다. 최근에는 이런 어려움을 해결하고자 '프롬프트 엔지니어'라는 직종까지 생겨났다고 한다. 이는 더 효과적인 출력을 위해 어떻게 질문(프롬프트)을 던지는지를 연구하는 직종이다. 뿐만 아니라 프롬프트 마켓도 우후죽순 생겨나서 서로 더 좋은 질문을 판매하는 시장이 활성화됐다. 이런 현상은 인공지능을 잘 사용하기 위한 방법이 얼마나 중요한지를 보여주는 것이다.

그럼 어떻게 해야 인공지능을 더 잘 사용할 수 있을까? 이 책에서는 이 질문에 답하기 위해 다양한 사례들을 통해 필자가 직접 질문하며 팁을 전달한다. 각 사례들은 일상 생활에서 직접적으로 ChatGPT를 통해 문제를 해결하는 사례인 동시에 응용할 수 있는 능력을 키우는 도우미 역할도 할 것이다. 여러 사례들을 거쳐가며 독자분들은 사례들 간의 공통점이나 차이점들에서 '질문하는 방법'에 대한 인사이트를 얻을 것이다. 뿐만 아니라 ChatGPT의 한계점과 이를 통해 배우는 좋은 프롬프트 원칙들을 살펴봄으로써 '인공지능'을 더 따뜻하고 익숙하며 친근하게 대할 수 있게 될 것이다.

2023년 5월 저자 드림

목차

ChatGPT가 도대체 뭐야?

ChatGPT

01 ChatGPT란?

ChatGPT는 OpenAI에서 개발한 최신의 거대 언어 모델로 방대한 양의 텍스트 데이터를 학습하여 사람과 같이 문장을 만들어 낼 수 있다.

ChatGPT의 특별한 점은 자연어 이해에 매우 능숙하여 다양한 질문과 대화를 처리할 수 있다는 것이다. 뉴스 기사부터 소셜 미디어 게시물에 이르기까지 다양한 유형의 텍스트 데이터에 대한 학습을 거쳤기 때문에 질문에 답할 때 활용할 수 있는 지식이 풍부하다. ChatGPT는 사람들이 질문에 대한 답을 쉽게 얻고, 컴퓨터와 자연스러운 대화를 나눌 수 있도록 도와주는 정말 멋진 기술이다.

02 효율적으로 질문하는 방법을 배우자!

필자의 저서 『개발자를 위한 챗GPT 활용법』에서는 개발 언어를 공부하거나 개발 업무에 ChatGPT를 활용할 수 있는 다양한 방법들을 소개했는데, 이번 책은 대상이 비전공자인 일반인이기 때문에 어떤 내용을 소개하는 것이 좋을지 고민을 많이 했다. 일반인의 입장에서 ChatGPT에 대해 무엇을 가장 알고 싶어할까 자문을 구한 끝에 'ChatGPT를 일상 생활이나 업무에 활용하는 꿀팁들'을 중점적으로 다루기로 했다.

그러나 활용법만 열심히 익히다 보면, ChatGPT를 만능으로 착각하여 모든 정답을 무분별하게 받아들일 수도 있다. 하지만 ChatGPT의 신뢰성은 절대적이지 않다. 만약 ChatGPT의 데이터셋에 사실이 아닌 정보가 들어 있을 경우(가짜 뉴스, 소설 등) AI가 틀린 사실을 정답처럼 말하는 'Hallucination(환각)' 현상이 나타날 수 있다.

한국의 대통령이 누구야?

현재(2023년 3월) 대한민국 대통령은 이재명(李在明)입니다.

[그림 1-1] 2023년 3월 기준으로는 답변이 업데이트(?) 됐으나 오답이다.

실제로 ChatGPT가 처음 등장했을 때 한국의 대통령이 누구인지 묻자 이재명이라고 한 사례([그림 1-1])와 "세종대왕 맥북프로 던짐 사건에 대해 알려줘"라고 했을 때 『조선왕조실록』을 인용([그림 1-2])하며 이 사건을 꾸며 말한 내용은 워낙 유명하여 밈처럼 됐다.

조선왕조실록에 기록 된 세종대왕의 맥북프로 던짐 사건에 대해 알려줘

조선왕조실록에 기록된 "맥북프로 던짐 사건"은 세종대왕이 15인치 맥북프로를 화가 나서 던진 일을 기록
한 것입니다. 이 사건은 2007년 2월 14일에 발생했습니다.

세종대왕은 당시 맥북프로를 사용하고 있던 왕으로, 그 당시 컴퓨터가 새로운 기술이기 때문에 사용하는
것에 불편함을 느꼈습니다. 이에 대해 기술자들은 여러 가지 해결책을 제시했지만, 문제가 해결되지 않아
세종대왕은 분노하여 맥북프로를 바닥에 던지는 일이 있었습니다.

이 사건은 당시 조선왕조의 기록인 조선왕조실록에 기록되었으며, 세종대왕의 과학기술 발전에 대한 열정
과 동시에 혁신적인 기술에 대한 적극적인 태도를 보여줍니다.

[그림 1-2] 세종대왕 맥북프로 던짐 사건에 대한 ChatGPT의 답변

ChatGPT는 '천재 앵무새'와 유사하다. 그럴싸한 말을 지어내는 데 상당히 천재적이다. 그러나 그 안을 면밀히 살펴보면, 앵무새가 사람이 하는 말을 완벽히 이해하고 따라 말하는 것이 아니듯이 ChatGPT도 단어들, 문장들 간의 통계적 연관성과 언어의 패턴을 통해 그럴싸한 이야기를 만들어 내는 것을 알 수 있다.

하지만 앵무새가 사람의 언어를 완벽히 이해하지 못한다고 하더라도 그 효용이 없는 것은 아니다. 자동차가 치타처럼 달리지는 않지만 치타보다 빠르게 이동하고, 고속 잠수함이 고래처럼 헤엄치지는 않지만 더 빠르게 잠영하듯이 ChatGPT도 사람처럼 언어를 이해하지는 않지만 방대한 자료를 요약하거나 패턴화된 창의성을 발휘하거나 하여 사람들에게 큰 도움을 줄 수도 있다.

따라서 우리는 ChatGPT의 활용법에 집중하되, 그 한계점을 명확하게 이해하고 어떻게 질문해야 더 효과적인 답변을 얻어낼 수 있는지를 탐구해야 할 것이다. 사람에게도 "너희 아버지 지금 뭐

하시니?"라고 물었을 때 '아버지의 직업을 질문하는 것인지, 지금 아버지가 하고 계신 행동을 질문하는 것인지' 헷갈릴 수 있다. 이보다는 "너희 아버지의 직업은 무엇이니?"라고 물었을 때 더 명확하게 답변할 수 있다. ChatGPT도 마찬가지다. 표현이 명확하지 않거나 간결하지 않거나 중의적인 성격을 띠는 질문들보다는 명확하고, 구체적이며, 간결한 질문들을 연계하여 좁혀 나가는 접근법으로 더 적은 질문으로도 원하는 답변을 얻을 수 있다.

질문 하나하나가 모두 돈이다. 딥러닝 추론 모델의 추론에도 고가의 그래픽 처리 장치가 전기를 소모하며 구동된다.

API(Application Programming Interface)를 통해 ChatGPT를 사용하는 프로그램을 개발해 본 적이 있다면, API 호출에 요금이 부과된다는 것을 알 것이다.

따라서 우리는 앞으로 '질문하는 법'을 필수적으로 익혀야 한다. 질문을 효율적으로 할수록 딥러닝 모델 추론에 사용되는 전력 소모가 줄어들고, 이는 결국 환경에도 이로울 것이다. 업무에서의 '생산성'은 이제 더 많은 산출물을 내는 데 있는 것이 아니라 얼마나 더 효과적으로 인공지능에게 질문 또는 명령하는지에 따라 갈릴 것이다. 이에 앞으로는 'AI 리터러시(인공지능과 관련된 개념과 기술에 대한 이해와 활용 능력을 갖춘 상태) 함양'이 중요한 덕목으로 자리 잡을 것이다.

이젠 ChatGPT와 이후로 우후죽순 생겨날 거대 언어 모델(대량의 텍스트 데이터를 학습하여 자연어 이해 능력을 갖춘 인공지능 모델)을 효과적으로 사용하는 방법을 '배워야' 한다. 필자는 개발 업무를 하면서 '소프트웨어 요구 사항'이 명확하지 않을 때 생기는 문제들을 많이 겪으며, '명확한 요구 사항'을 도출하는 것의 중요성을 체득했다. 그래서 ChatGPT에 질문하는 방법, 함께 개발하는 방법에도 '명확한 질문'을 던지는 방식을 사용한다.

그러던 중 지인이 '여행 계획'을 세우는 데 고민하는 것을 보고 ChatGPT 활용을 권했다. 그러자 대뜸 "어떻게 질문해야 하나요?"라는 반응을 보고 많은 생각을 하게 됐다. ChatGPT라는 혁신적 도구가 세상에 등장했는데도 아직 많은 사람들이 이를 어떻게 활용해야 할지 모르는 경우가 많았다. 또는 그냥 재미로 몇 번 사용해 보고는 그만 사용하는 사람들도 있었다. 필자는 이런 거대 언어 모델들은 앞으로 지식의 민주화, 심지어 경제의 민주화까지 이끌 잠재력을 지녔다고 생각한다. 이 잠재력을 활용하려면, 우선 배워야 한다. 이 책은 여러분의 잠재력을 ChatGPT와 함께 발현시킬 수 있도록 하는 초석이 될 것이다.

03 ChatGPT의 능력을 실감해 보자!

이젠 '인공지능이 못하는 것이 뭐가 있지?'를 고민해 봐야 하는 세상이 왔다. 바둑에서도 인공지능이 압승했고, 창의성을 발휘해야 하는 예술 분야에서도 이미 딥러닝 생성 모델들이 활약하고 있다. 필자도 개발에 ChatGPT를 활용하는데, 이미 신입 개발자 수준 이상으로 도움이 되고 있다(물론, 명확한 요구 사항, 모듈화된 코드 개발 지시 등 필자의 『개발자를 위한 챗GPT 활용법』 책에 소개된 방법들을 활용했을 때의 이야기다). 앞으로는 더욱 대량의 코드들, 텍스트들이 더 큰 모델에 학습될 것이다. 과연 우리가 AI로부터 안전하다고 생각하던 직업들이 그 위치를 지킬 수 있을지 궁금해진다.

그럼 이를 위해 ChatGPT의 능력을 실감할 수 있는 문제 몇 가지를 살펴보자.

필자
Explain what is the story of Cinderella in one sentence. Every words in the sentence should start from alphabet A to Z in order.
(해석: 신데렐라의 이야기가 무엇인지 한 문장으로 설명해 줘. 문장의 모든 단어는 알파벳 A에서 Z까지 순서대로 시작해야 해.)

ChatGPT
A beautiful Cinderella, desiring emancipation, finds glittering happiness, initially joining king's luxurious masquerade, nobly overcoming persecution, quickly realizing splendid transformation, ultimately validating wistful, xenial, yearning zest.
(해석: 해방을 갈망하는 아름다운 신데렐라는 처음에는 왕의 호화로운 가면 무도회에 참석하여 고귀하게 핍박을 극복하고 화려한 변신을 빠르게 실현하여 궁극적으로 슬프고 이질적인 동경의 열정을 확인하며 빛나는 행복을 찾습니다.)

사람이 하면 30분 이상 걸리거나 아예 포기할 만한 작업을 순식간에 해내는 것을 볼 수 있다. 그럼 논리 추론 문제는 어떨까?

필자
다음 논리 문제를 풀어봐.
세 명의 신이 존재한다. 이들의 이름은 '트루(True)', '폴스(False)', '랜덤(Random)'인데, 무엇이 누구의 이름인지는 모른다. '트루'는 언제나 진실을 말하고, '폴스'는 언제나 거짓을 말한다. '랜덤'은 완전히 무작위로 진실을 말할 때도 있고 거짓을 말할 때도 있다. 목표는 맞다/아니다로만 대답 가능한 질문을 단 3번만 하여 세 명의 신 모두 누가 어떤 이름인지를 알아내는 것이다. 신들은 우리의 언어를 알아든지만, 그들의 대답은 '예' 또는 '아니요'의 뜻을 지닌 그들의 언어 'da/ja' 두 개로만 주어지는데, ja와 da 중 어떤 단어가 '예'이고 어떤 단어가 '아니요'인지는 모른다.

이 퍼즐을 푸는 열쇠는 신들의 언어로 "예"와 "아니요"의 단어를 이해하는지 여부에 관계없이 신들의 대답을 바탕으로 정보를 추론할 수 있는 질문을 하는 것입니다.

첫 번째 질문입니다:

아무 신(신 A)에게나 다음과 같이 질문하세요: "왼쪽에 있는 신(신 B)이 무작위인지 묻는다면, 'ja'라고 대답하겠습니까?"

두 가지 가능한 시나리오가 있습니다:

대답이 'ja'라면, 신 A가 진실을 말하고 있고 신 B는 무작위이거나 신 A가 거짓말을 하고 있고 신 B는 무작위가 아닙니다(따라서 신 B는 참 또는 거짓입니다).

대답이 'da'라면, 신 A가 진실을 말하고 있고 신 B는 무작위가 아니거나 신 A가 거짓말을 하고 있고 신 B는 무작위입니다.

두 번째 질문입니다:

같은 신(신 A)에게 다음과 같이 질문하세요: "만약 내가 당신에게 당신이 거짓인지 묻는다면, 당신은 'ja'라고 대답하겠습니까?"

두 가지 가능한 시나리오가 있습니다:

대답이 'ja'라면, 신 A가 진실을 말하고 있고 거짓이 아니거나(참 또는 무작위라는 의미) 신 A가 거짓말을 하고 있고 거짓입니다.

대답이 'da'라면, 신 A가 진실을 말하고 있고 거짓이거나 신 A가 거짓말을 하고 있지만 거짓이 아닙니다(참 또는 무작위라는 의미).

이제 어떤 신이 무작위가 아닌지 알 수 있는 충분한 정보를 얻었습니다.

세 번째 질문입니다:

무작위가 아닌 것으로 확인된 신에게 다음과 같이 질문하세요: "'ja'가 '예'를 의미하느냐고 묻는다면, 'ja'라고 대답하겠습니까?"

대답('ja' 또는 'da')에 따라 이제 어떤 단어가 '예'를 의미하고, 어떤 단어가 '아니요'를 의미하는지 확인할 수 있습니다. 이 정보로 이제 세 신을 모두 이름으로 식별할 수 있습니다.

사람도 풀기 어려운 문제에 대한 답을 정확하게 맞혔다. 하지만 이 책의 뒷장에서도 다루는 'ChatGPT의 한계점'에서 우리는 때때로 ChatGPT가 추론 과정을 제대로 이해하고 추론하는 것이 아닐 수 있다는 점을 배울 것이다. 앞서의 문제는 이미 정답이 인터넷에 공개되어 있기 때문에 ChatGPT가 알고 있을 가능성을 배제할 수 없다.

그럼 이번엔 인간이 잘하는 사진 이해하기 문제를 시켜보자.

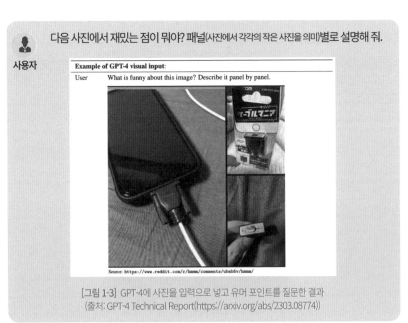

[그림 1-3] GPT-4에 사진을 입력으로 넣고 유머 포인트를 질문한 결과
(출처: GPT-4 Technical Report(https://arxiv.org/abs/2303.08774))

이 사진은 3개의 패널이 있는 '라이트닝 케이블' 어댑터 패키지를 보여줍니다.

- **패널 1:** 스마트폰의 충전 포트에 VGA 커넥터(일반적으로 컴퓨터 모니터에 사용되는 커다란 파란색 15핀 커넥터)가 꽂혀 있습니다.
- **패널 2:** VGA 커넥터 그림이 그려진 '라이트닝 케이블' 어댑터 패키지입니다.
- **패널 3:** 끝에 작은 라이트닝 커넥터(iPhone 및 기타 Apple 장치를 충전하는 데 사용됨)가 있는 VGA 커넥터를 클로즈업한 모습입니다.

이 사진의 유머는 작고 현대적인 스마트폰 충전 포트에 크고 오래된 VGA 커넥터를 꽂는다는 부조리함에서 비롯됩니다.

정확하게 웃음 포인트를 찾아낸다. 각 패널(작은 사진)이 의미하는 모습들을 하나하나 분석하고, 이를 종합하여 어떤 점이 재미있는지를 판단하는 것은 사람에게도 고차원적인 추론을 요구하는 작업이다. 사진에서 이런 고차원적인 추론을 통해 웃음 포인트를 찾아내는 점은 생각보다 어려운 일인데, 이를 해낸다.

뿐만 아니라 가장 최신의 ChatGPT 모델은 미국 변호사 시험인 BAR EXAM도 통과했다고 한다(참고 논문: Katz, Daniel Martin, et al. "GPT-4 Passes the Bar Exam." Available at SSRN 4389233 (2023)). 미국의 수능 역할을 하는 SAT의 수학 과목에서는 800점 만점에 700점으로 상위 11%에 들기도 할 정도다. 어떻게 인공지능이 이렇게 똑똑할 수 있을까?

우리는 2장에서 인공지능, 머신러닝, 딥러닝에 대한 기본 개념을 배우고, ChatGPT가 어떻게 질문을 이해하며 답변하는지를 간단하게 살펴볼 것이다. 이후 본격적으로 우리의 실생활을 바꿀 수 있는 ChatGPT 활용법을 배워보도록 한다.

간단하게 이해하는
ChatGPT의 동작 원리

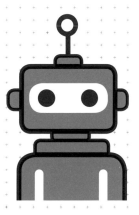

ChatGPT

01 인공지능, 머신러닝, 딥러닝이 도대체 무엇일까?

인공지능은 인공적으로 지능을 갖고 있는 시스템을 말하며, 사람이 프로그래밍한 기계도 인공지능의 일종이다. 세탁기는 어떨까? 세탁기도 세탁물이 이불일 경우에는 이불 빨래 버튼만 누르면, 미리 정해진 규칙대로 세탁을 하게 된다(최신 인공지능 세탁기가 아닌, 일반 통돌이 세탁기 기준이다). 세탁물이 일반 빨래일 경우에는 일반 버튼을 누르면 된다. 즉, 미리 정해진 규칙을 따르지만, 인공적으로 지능을 갖고 문제를 해결하는 인공지능이라고 볼 수 있다. 물론, 최신의 거대 언어 모델인 ChatGPT 역시 인공적으로 지능을 갖게 되었으므로 인공지능이라고 할 수 있다.

그럼 머신러닝(기계 학습)은 무엇일까? 명칭에서도 느껴지듯이 기계가 학습을 한다면, 이는 머신러닝이다. 학습이란 무엇일까? 바로 학습 데이터를 열심히 공부하여 시간이 지나면 학습에 의해 능력이 커지는 것을 의미한다. 즉, 기계에 데이터를 추가하여 학습을 시킴에 따라 성능이 개선된다면, 이는 머신러닝이라고 할 수 있다. 일반적인 세탁기는 미리 정해진 규칙만 따를 뿐, 데이터를 추가로 학습하여 성능을 개선시키지는 않으므로 인공지능에는 속하지만 머신러닝에는 속하지 않는다. 머신러닝은 우리가 이메일에서 스팸 메일을 자동으로 필터링하는 기능을 예시로 들 수 있다. 더 많은 스팸 메일들의 데이터 특성을 모을수록 점차 스팸 필터 기능은 스팸 메일들을 더 잘 필터링하게 된다. 물론, ChatGPT 역시 데이터가 더 늘어날수록 성능이 개선되므로 인공지능, 머신러닝에 모두 속한다.

그럼 딥러닝은 무엇일까? 딥러닝은 머신러닝의 일종이면서 심층 신경망을 사용한다. 신경망은 우리 두뇌의 뉴런과 같은 역할을 하는 작은 모듈들(이를 '퍼셉트론'이라고 부른다)이 함께 묶여 층을 구성하고 있는데, 이 층들이 깊게 구성되어 있는 형태를 말한다.

하나하나의 작은 퍼셉트론은 매우 단순한 기능을 하지만, 많은 퍼셉트론들이 여러 층에 걸쳐서 수없이 많이 존재하면 매우 복잡한 일들도 할 수 있다. 마치 사람의 뇌 속의 뉴런 하나하나는 굉장히 단순하게 신호를 증폭하고 전달하는 역할만 하지만, 우리의 두뇌는 그림을 그리기도 하고 음악을 만들기도 하는 것과 같다. 딥러닝 역시 머신러닝의 일종이므로 더 많은 데이터가 주어질수록 성능이 개선된다. 여기에 심층 신경망을 사용하므로 복잡한 일들도 척척 수행해낸다.

세 개념을 정리한 [그림 2-1]은 인공지능, 머신러닝, 딥러닝의 포함관계를 나타낸다. 그림과 같이 인공지능, 머신러닝, 딥러닝은 그 차이를 구분하기 어렵다. 일반적으로 최근 대다수의 인공지능들은 대다수가 딥러닝 모델들을 의미하고 있다.

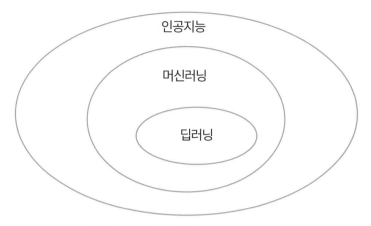

[그림 2-1] 인공지능, 머신러닝, 딥러닝의 벤다이어그램

여기서 중요한 점은 이 세 용어의 차이보다는 세 모델을 아우르는 중요한 키워드가 '데이터', '신경망'임을 이해하는 것이다. '데이터'가 추가로 학습되면서 성능이 개선되고, 이 데이터에서 중요한 특성들을 이해하는 데 '심층 신경망'을 사용하여 성능을 크게 개선시키는 방법이 바로 딥러닝에서 가장 중요한 테크닉이기 때문이다.

02 ChatGPT도 생각을 할까?

앞서 ChatGPT는 인공지능, 머신러닝, 딥러닝 모두에 포함될 수 있다고 배웠다. 즉, ChatGPT 역시 추가적인 '데이터'를 학습하여 성능을 개선하는 '심층 신경망'을 갖는 모델이다. 그런데 이 '심층 신경망'은 인간의 두뇌를 모방했다. 그리고 ChatGPT는 방대한 데이터를 통해 학습된 딥러닝 모델이다. 그렇다면 과연 ChatGPT는 인간처럼 생각을 할까?

세기의 천재 중 한 명인 앨런 튜링은 1950년도 그의 논문 〈Computing Machinery and Intelligence〉(Turing A., 2009)에서 '기계는 생각을 하는가?'라는 질문으로부터 이 실마리를 제공했다(튜링은 여기서 '생각'이란 무엇인지 정의하기보다는 어떻게 지능을 측정할 수 있을지에 대한 관점을 제공했다).

이 논문에 '튜링 테스트(이미테이션 게임)'가 나온다. '튜링 테스트'는 사람과 컴퓨터가 대화하는 모습을 보고, 제3자가 누가 컴퓨터고 누가 사람인지 구분할 수 있는지를 보는 것이다. 만약 컴퓨터의 대화 능력이 엉성하면 쉽게 구분될 수 있겠지만, 사람의 수준으로 대화한다면 구분이 힘들 것이다. 튜링은 이런 방식의 테스트를 통해 기계의 지능을 가늠할 수 있다고 생각했다. 아마도 튜링은 컴퓨터가 인간 수준으로 대화하는 '원리'와 '과정'이 얼마나 인간의 방식과 유사한지가 기계의 생각 여부를 결정하기보다는, 결과적으로 인간 수준의 대화 능력을 보여주는지가 더 중요하다고 생각한 것이 아닐까 싶다.

비행기는 새보다 빨리 날지만, 새처럼 날지 않는다. 고속 잠수함은 바다에서 그 어떤 물고기보다 빠르지만, 역시 물고기처럼 헤엄치지 않는다. 이세돌을 이긴 알파고 역시 이세돌보다 바둑을 잘 두지만, 이세돌의 사고 방식과 동일하게 바둑을 두지 않는다. 과연 생각을 하고, 글을 생성해내는 방식이 꼭 인간과 같아야 하는가에 대해 우리가 다시 생각해 볼 필요가 있는 대목이다. ChatGPT 역시 우리와는 다른 방식으로 문장을 생성한다. '생각을 한다'라는 것을 정확히 정의 내리기는 힘들지만, 적어도 ChatGPT는 '인간과 같은 방식으로 생각을 한다.'라고 할 수는 없을 것이다.

03 스마트폰의 자동 완성과 언어 모델

ChatGPT는 상당히 고도화된 거대 언어 모델이다. 언어 모델이라는 것이 다소 생소할 수 있지만, 우리가 일상에서 가장 쉽게 접할 수 있는 언어 모델의 예시는 '자동 완성'이다.

[그림 2-2] 구글에서 '넷'까지만 입력했을 때의 모습

[그림 2-2]와 같이 구글에서 '넷'까지만 입력했음에도 불구하고 '넷플릭스'가 가장 먼저 뜨도록 하는 기능이다. 많은 사람들이 '넷' 다음에 '플릭스'를 썼기 때문에 구글에서도 넷플릭스를 먼저 보여주는 것이다. 여기에는 사람들이 사용하는 문장들에서 특정한 패턴과 관계를 읽어서 추천 단어를 제안해 주는 기술이 적용된 것이다.

우리 주변에도 간혹 눈치가 빠른 사람들이 있다. 이들은 상대의 몇 마디를 듣고도 어떤 이야기를 할지 눈치챈다. 이 또한 수많은 대화들과 우리가 사용하는 문장들에 어떤 패턴과 관계가 존재하는지를 어릴 때부터 계속 학습했기 때문에 가능한 것이다.

ChatGPT는 이런 종류의 일들에 굉장히 특화되어 있는 거대 언어 모델이다. '거대하다'는 의미는 모델의 퍼셉트론 수가 수천억 개 이상에 이를 정도로 많다는 것이다. 우리는 이를 모델의 파라미터 수라고 부르는데, ChatGPT의 경우 1,750억 개 이상으로 알려져 있다. 언어 모델은 '문장 또는 단어에 확률을 할당하여 컴퓨터가 처리할 수 있도록 하는 모델'로 다음에 나올 가장 높은 확률의 단어가 무엇인지를 잘 추측할 수 있다. 이렇게 모델의 파라미터가 많은 것은 마치 두뇌가 매우 커서 굉장히 많은 뉴런을 갖고 있는 것과 유사하다. 만약 그런 우수한 두뇌에 방대한 데이터가 학습됐다면 어떨까? 무서울 정도로 인간의 언어에 존재하는 패턴과 각 단어, 문장, 글들의 연관성까지 쉽게 파악할 수 있을 것이다.

04 트랜스포머와 주의 기법

ChatGPT는 트랜스포머라는 모델을 기반으로 만들어졌는데, 이 트랜스포머 모델은 문장의 구조를 잘 이해하고 있는, 눈치 빠른 모델이라고 할 수 있다. 이 모델은 텍스트를 입력으로 받고, 이 텍스트를 다시 숫자로 바꿔 받아들인다(이를 토큰화와 임베딩 과정이라고 부른다). 받아들인 숫자는 복잡한 모델의 내부 처리를 거쳐 새로운 숫자들로 변환된다. 텍스트를 숫자로 바꾼 것처럼 처리된 숫자를 다시 텍스트로 바꾸면, ChatGPT의 응답이 된다. 이때 트랜스포머 내부에는 수많은 파라미터들이 있는데, 이 파라미터들은 일상에 비유하자면 라디오에서의 주파수 조절기라고 할 수 있다. 조절기를 조금씩 돌리면서 출력 텍스트가 입력 텍스트(질문)에 대한 올바른 정답에 가까운지를 보는 것이다. 이때 정답과 더 먼 오답일수록 더 많이 조절기를 조절하여 튜닝한다. 마치 라디오의 주파수를 맞추기 위해 안테나를 조정하는 과정과 유사하다. 파라미터가 매우 많다면, 수많은 조절기를 돌리는 경우의 수가 증가하므로 이를 조정하는 것이 더욱 힘들 것이다. 이 조정 과정을 '학습' 또는 '훈련'이라고 부르며, 딥러닝에서 '학습한다', '훈련한다'라고 표현하는 것이 이 과정이다.

이 조절기를 어떤 방향으로 얼만큼씩 돌리는지에 대해 많은 연구가 진행되고 있는데, 조절기를 잘 돌리는 다양한 방법들(학습 테크닉들이라 부름)을 사용하여 모델을 훈련하게 되면, 해당 모델은 ChatGPT와 같이 복잡한 일들을 수행할 수 있게 된다.

트랜스포머에서 중요하게 짚고 넘어가야 할 내용은 '주의 기법(어텐션 메커니즘)'이다. 이는 입력 텍스트에서 어떤 부분이 중요한지를 파악하는 기법인데, 중요한 부분을 파악하는 과정 역시 딥러닝 학습을 통해 이뤄진다. 예를 들어, 우리가 영어 문장을 한글로 번역하기 위해 영어 문장을 읽을 때 주어와 동사를 파악하는 것의 중요성을 학습하게 되면 더 쉽게 번역할 수 있다. 이때 문장에서 주어와 동사의 위치를 찾는 과정은 여러 문장에서 연습할수록 쉬워진다. 즉, 번역을 위해 단어를 외우거나 문법을 공부하는 등의 학습이 필요하지만, 번역을 더 수월하게 해주는 부가적인 지식(주어와 동사의 위치를 파악하는 것) 또한 학습을 통해 얻을 수 있다. 트랜스포머 모델은 입력 문장과 출력 문장 또는 입력 문장에서의 단어들 간의 관계를 더욱 잘 파악하기 위해 '주의 기법'을 활용하는 모델이다.

정리하면, ChatGPT는 거대 언어 모델로 수많은 파라미터를 갖고 있고, 방대한 텍스트 데이터를 학습하여 인간 언어에서의 다양한 패턴을 학습했다. 그렇기 때문에 인간의 언어로 대화를 매우 잘할 수 있는 거대한(파라미터 수가 매우 많은) 언어 모델이라고 할 수 있다.

ChatGPT 시작하기

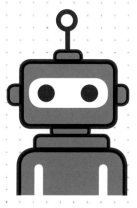

ChatGPT

01 PC 버전에서 사용하기

ChatGPT를 사용하기 위해서는 우선 사이트에 가입해야 한다. 사이트는 구글에서 'ChatGPT'를 검색하거나 웹 브라우저 주소창에 'https://chat.openai.com/'이라고 작성하면 들어갈 수 있다. 구글에서 ChatGPT를 검색하면 OpenAI사의 홈페이지가 나오는데, [그림 3-1]과 같이 멋있게 구성되어 있다. [TRY CHATGPT] 버튼을 클릭하여 계정 생성 화면으로 넘어가자.

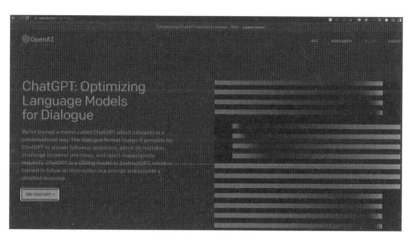

[그림 3-1] OpenAI사의 사이트

[그림 3-2]와 같은 화면을 볼 수 있는데 처음 사이트에 들어갔을 경우 [Sign up] 버튼을 클릭하여 회원 가입을 해야 한다.

[그림 3-2] 처음 사이트에 접속했을 때의 화면

간혹 이용자가 매우 많을 경우 [그림 3-3]과 같이 접속 불가 화면이 뜨기도 한다. 추후 서비스 안정화를 통해 이런 현상은 많이 줄어들 것으로 예상되지만, 만약 뜨게 된다면 조금 기다렸다가 서비스를 이용하자.

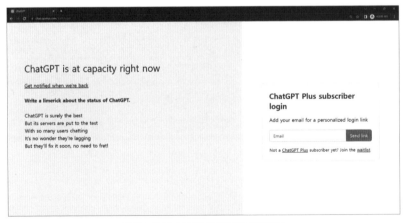

[그림 3-3] 이용자가 많을 때의 접속 불가 화면

[Sign up] 버튼을 클릭한 후에는 계정을 생성할 수 있는 화면이 나오는데, 구글 계정이 있다면 [Continue with Google] 버튼, Microsoft 계정이 있다면 [Continue with Microsoft Account] 버튼을 클릭한다.

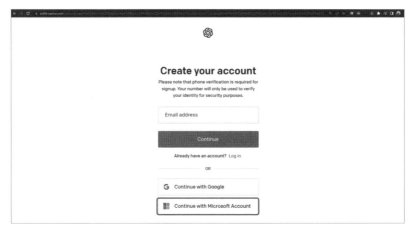

[그림 3-4] 계정 생성 화면

[그림 3-5]와 같이 이름, 성을 입력한 후 [Continue] 버튼을 클릭하고, 휴대폰 인증을 하면 끝이다.

[그림 3-5] 이름, 성 입력 후 휴대폰 인증 절차

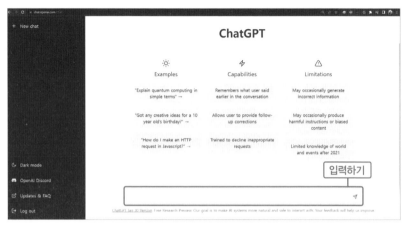

[그림 3-6] 채팅까지 모든 과정 준비 완료

이제 자유롭게 ChatGPT와 대화하면 된다.

02 영어가 부담된다면?

최근에는 확장 프로그램으로 ChatGPT와 대화하기 위한 한글-영어 번역 기능이 많이 제공되므로 영어가 부담된다면, 해당 방법을 사용하거나 구글 번역([그림 3-7] 참고)을 돌려서 채팅하는 것을 추천한다.

[그림 3-7] ChatGPT에 질문하기 위한 구글 번역 사이트(https://translate.google.co.kr/)

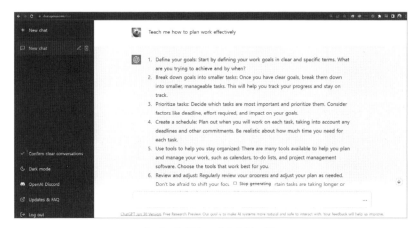

[그림 3-8] 한글 → 영어 번역 후 질문

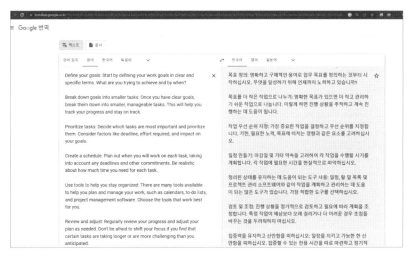

[그림 3-9] 다시 영어 답변을 한글로 번역

03 GPT-4로 업그레이드하기

2023년 2월 초부터는 한국에서도 ChatGPT Plus를 월 구독료 20달러를 내고 구독할 수 있게 됐다. ChatGPT Plus로 업그레이드하면, 이용자들이 많을 때도 입력 프롬프트(요청)에 대해 더 높은 우선권을 갖게 되어 빠르게 응답받을 수 있고, 새로운 기능을 먼저 사용해 볼 수도 있다. 개발 공부 또는 개발에 직접 활용할 경우에는 구독할 것을 추천한다. 무엇보다 더 똑똑해진 GPT-4를 사용해 볼 수 있기 때문에 좋다(단, GPT-4의 경우 메시지 사용이 3시간마다 최대 25개로 제한된다). 실제로 일반 모드로 사용하다 보면 접속이 빈번하게 안 되고, 잠시 다른 화면에서 작업하다가 다시 돌아와서 질문을 하다 보면 네트워크 에러도 빈번하게 발생한다.

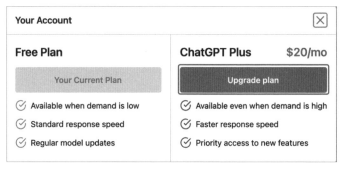

[그림 3-10] ChatGPT Plus로 업그레이드하기

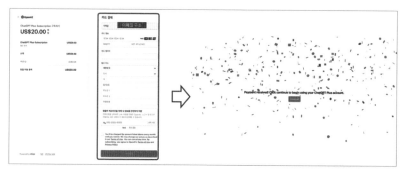

[그림 3-11] 결제 정보 입력하여 구독하기

결제하면 축하한다는 메시지를 표시해 주며, 이후부터는 [그림 3-12]와 같이 GPT-3.5에 해당하는 Default, Legacy 모드와 GPT-4 모델을 모두 사용할 수 있게 된다.

[그림 3-12] ChatGPT Plus로 로그인한 후 화면

04 모바일 버전에서 사용하기

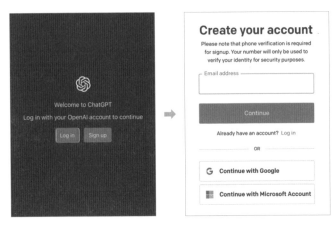

[그림 3-13] 모바일 버전에서 처음 사이트에 들어갔을 때의 화면

　　모바일 버전도 PC 버전과 마찬가지로 구글에서 ChatGPT를 검색하거나 바로 주소를 입력하여 들어갈 수 있다. 이 과정을 거치게 되면, 채팅 준비가 끝난다. ChatGPT Plus를 구독하고 나면, 모바일, PC, 태블릿 등 어떤 기기에서도 GPT-4를 활용할 수 있다.

4장

ChatGPT를 우리 일상에
스며들게 해보자!

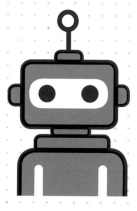

ChatGPT

01 '질문하는 방법'을 배워보자!(좋은 질문으로 ChatGPT 정확도 높이기)

이 책의 가장 큰 집필 동기는, 생각보다 많은 사람들이 ChatGPT에 어떻게 질문해야 할지를 고민한다는 것이었다. 우리는 모두 ChatGPT가 많은 것을 알고 있다는 사실을 안다. 그러나 막상 질문을 하려고 하면, 어떻게 해야 할지 막막하다. 질문이 너무 모호하지는 않을까 고민되기도 하고, 얼마나 구체적으로 질문해야 할지도 망설여진다. 그래서 '어떻게' 질문하는지에 대해 가이드라인을 세워 둘 수 있다면, 앞으로 질문이 더 쉬워질 것이라고 생각했다.

물론, 사람마다 질문 스타일은 다를 수 있다. 그래서 누구나 실천하기 쉬운 방법들을 준비했다. 이후 장에서 자세히 다루겠지만, 먼저 활용법에 앞서 질문 팁들을 간단하게 정리하고 넘어가도록 하자.

첫 번째 팁은 '명확하고 구체적으로 질문하기'다. 예를 들어, "주식시장이 과거에는 어땠어?"라고 묻는 것은 너무 포괄적이고 명확하지 않다. 대신 "지난 10년간 S&P 500 지수의 성과를 알려줘"라고 하는 것은 누가 들어도 명확하다. 사람도 간혹 중의적인 표현, 모호한 표현에 '오해'를 하는데, 사람이 아닌 ChatGPT에게는 더더욱 혼란스러운 질문이 될 수 있다.

두 번째 팁은 '꼬리 물기 질문'이다. ChatGPT는 핑퐁으로 오가는 대화를 기억하면서 다음 대답을 생성할 때 활용한다. 매 질의 응답이 새로운 것이 아니라는 것이다. 따라서 만약 "지난 10년간 S&P 500 지수의 성과를 알려줘"라고 질문하여 답변을 받고 나면, 이후에 "그럼 TQQQ는?"이라고 물으면 ETF의 하나인 TQQQ의 지난 10년간의 성과를 알려준다. 그러므로 처음에는 정보의 집합에서 스스로가 쉽게 소화할 수 있는 내용을 먼저 질문하고 답을 얻는 것이 좋다. 예를 들어, "TQQQ 주가를 예측하기 위해서는 어떻게 해야 해?"라고 단도직입적으로 물어서 예측이 불가능하다는 답을 듣거나 복잡한 수학적 이론을 소개받는 것보다 "일반적으로 주식의 가격을 예측하려는 다양한 과거 시도들을 소개해 줘", "그렇다면 ETF를 예측하는 것은 일반 주식을 예측하는 것과 어떻게 달라?", "TQQQ라는 ETF의 주가를 예측할 때 주로 주목해야 할 지표들에는 뭐가 있을까?" 등으로 자신이 쉽게 이해할 수 있으면서도 정보를 통해 점차 자신의 시야를 넓혀서 더 구체적이고 어려운 질문을 하는 것이 좋다. 즉, 꼬리 물기 질문을 통해 자신도 학습하며 질문 수준을 높이고, ChatGPT도 문맥을 통해 사용자의 질문 의도를 점차 자세히 파악하고 응답하게 하는 것이다.

세 번째 팁은 '표준어 사용하기'다. 생각보다 많은 사람들이 은어, 비속어, 사투리 등 학습 데이터에 비교적 적게 사용되었던 단어로 질문을 한다. 만약 비표준어가 학습 데이터에 없었다면, ChatGPT는 이에 알맞은 답을 할 수 없다. 다음은 필자가 의도적으로 은어를 사용하여 질문한 대화다.

필자

외계인(외국인 투자자) 상따(상한가 따라잡기)하고 보니 개미털기였어서 꼭지(고정)에 존버(매우 버티는 것) 중인데, 앞으로 어떻게 해야 할까?

ChatGPT

외계인 상따하고 나서 개미털기를 발견했다면, 가능한 한 손상을 입히지 않도록 조심스럽게 다뤄야 합니다. 개미털기는 매우 미세하고 부서지기 쉬우므로 최대한 가볍게 다뤄야 합니다.

꼭지에 존버하고 있는 개미털기를 제거하려면, 일단 희생되지 않도록 조심스럽게 다가가야 합니다. 가장 좋은 방법은 큰 형광등이나 램프를 사용하여 꼭지 주변을 밝혀놓은 후 미세한 핀셋이나 바늘로 개미털기를 조심스럽게 들어내는 것입니다. 눈에 보이지 않을 정도로 작은 개미털기를 제거하는 것은 매우 어려울 수 있으므로 가능한 한 큰 도구를 사용하는 것이 좋습니다.

개미털기를 제거한 후 꼭지 주변을 청결하게 유지하면서 상처가 나지 않도록 조심하세요. 개미털기는 미세하기 때문에 제거한 후에도 몸에 남아 있을 수 있으므로 깨끗하게 씻어서 처리하는 것이 좋습니다.

개미털기에 노출된 것이 의학적인 문제를 야기할 경우에는 반드시 전문가의 조언을 구하는 것이 좋습니다.

대화가 상당히 심각하다. 심각하게 잘못된 대화임에도 불구하고 ChatGPT는 자기가 무엇을 말하는지 알지 못하고 있다. 극단적인 사례였기 때문에 우리는 이 대화가 엉터리라는 것을 느끼지만, 만약 아주 미세하게 잘못된 은어를 사용하여 미세하게 잘못된 응답이 나왔다면, 우리는 ChatGPT가 준 답을 잘못 맹신했을지도 모른다. 이번엔 충분히 사람들끼리 공감이 가능한 수준으로 은어를 써보자.

필자

삼전(삼성전자)에 물려서 꼭지에 존버 중인데, 어떻게 해야 할까? 주담대(주택담보대출)도 갚아야 하는데....

삼성에서 제품을 구매하고 해당 제품에 문제가 발생한 경우 삼성 서비스 센터에서 유료 수리 서비스를 받을 수 있습니다. 따라서 가장 먼저 해야 할 일은 삼성 서비스 센터를 찾아서 상담을 받는 것입니다.

상담 시 구체적인 문제와 상황을 설명하고, 수리 비용과 처리 기간 등을 문의하십시오. 주담대를 갚아야 하는 경우 추가적인 비용이 발생할 수 있으므로 신중하게 판단해야 합니다.

또한 삼성 제품의 경우 제품 등록을 통해 추가 보증 기간을 제공하기도 합니다. 제품 등록을 하지 않았을 경우 제품 등록을 하면 보다 다양한 혜택을 받을 수 있습니다.

마지막으로, 앞으로 제품 사용 시에는 꼭 사용 설명서를 참고하고, 적절한 관리와 유지보수를 해주기를 권장합니다.

이번엔 그래도 '삼전'을 '삼성전자'와 관련된 단어라고 알아들었다. 그러나 여전히 주제가 전혀 다르다. 역시 이번에도 일부 단어들을 알아듣지 못한 것이 원인이다. 그럼 어떻게 작성해야 ChatGPT가 올바른 대답을 할까?

필자

삼성전자 주식을 가격이 가장 높을 때 샀는데, 지금은 많이 내려갔어. 이제 어떻게 해야 할까? 주택담보대출도 갚아야 하는데....

주식 투자는 수익을 보장하지 않으며, 가격이 변동적이기 때문에 투자 시점과 선택한 주식이 매우 중요합니다. 주식 가격이 하락한 경우 실제로 손실을 본 것이기 때문에 당황스러울 수 있습니다. 하지만 이런 경우에도 여전히 선택할 수 있는 방법이 있습니다.

우선 현재 가격으로 매도하지 않고, 장기적인 관점에서 주식 가치가 상승할 것으로 예상되는 시점까지 보유하는 것도 한 가지 방법입니다. 또한 주식 가격 하락 시점에 추가 매수를 고려해 볼 수도 있습니다. 이를 통해 평단가를 낮출 수 있으며, 주식 가격 상승 시 더 많은 이익을 얻을 수 있습니다.

그러나 위의 방법이 실제로 투자할 만한 가치가 있는지에 대한 판단은 개별적인 투자자의 판단에 따라 다릅니다. 따라서 투자에 대한 자세한 분석과 전략적인 투자 방법을 고민해 볼 필요가 있습니다.

또한 주택담보대출도 갚아야 하는 상황이라면, 자신의 재정 상황을 잘 파악하고 주식 투자와 같은 위험 요소가 있는 투자보다는 안정적인 수익을 제공하는 다른 투자 방법을 검토해 볼 필요도 있습니다. 이를 위해서는 전문적인 재무 컨설턴트나 금융 전문가의 조언을 받아볼 수도 있습니다.

이번엔 상당히 정상적인 대화가 됐다. 이렇게 ChatGPT에 질문할 때는 가급적 비속어, 은어, 사투리, 비표준어 등을 사용하지 않는 것이 좋다. 또한 내용이 모호할 경우에는 가능하면 풀어서 하나하나 설명하자.

그렇다면 지금부터는 구체적인 꿀팁들을 실제 어떻게 사용하는지 사례 기반으로 학습해 보면서 여기서 파생되는 무궁무진한 새로운 질문 방법들에 대해 감을 잡아보도록 하겠다.

02 메타 인지 학습법은 ChatGPT와 찰떡궁합

'메타 인지'가 과연 무엇일까?

필자

메타 인지가 무엇인지 3줄로 설명해 줘.

ChatGPT

메타 인지는 인간이 자신의 인지 능력을 인식하고 조절하는 능력입니다.
다시 말해, 메타 인지는 우리가 어떻게 생각하고 배우는지에 대한 인식과 제어를 의미합니다. 즉, 자신의 학습 방식, 인지 과정, 문제 해결 전략 등을 이해하고 개선하는 과정을 말합니다.

정답을 봐도 어렵다. 이럴 때는 어떻게 할까? 난이도를 낮춰서 질문해 보면 된다.

필자

메타 인지를 10살짜리 어린 아이한테 설명한다고 가정하고, 3줄로 설명해 줘.

ChatGPT

메타 인지는 자신이 어떻게 배우는지 알고, 그것을 개선하는 능력이야. 예를 들어, 문제를 풀 때 어떤 방법을 사용하는지를 파악하고, 그것을 개선해 나가면 더 나은 결과를 얻을 수 있어. 이런 능력을 키우면, 배우기 쉽고 효과적인 방법을 습관적으로 사용할 수 있어.

어린 아이에게 이야기하는 말투로 바뀌더니 아주 쉽게 설명해 줬다. 즉, 메타 인지란 자신이 얼마나 이해하고 있는지를 이해하는 능력이라고 한다. 이를 활용하여 학습하는 방법이 '메타 인지 학습법'이다. 그런데 왜 이 ChatGPT가 메타 인지 학습법과 찰떡궁합일까?

이 역시 예시로 살펴보자.

필자

블랙홀은 무슨 색이야?

ChatGPT

블랙홀은 자체적으로 빛을 발하지 않기 때문에 색상 자체가 없습니다. 블랙홀은 그 자체로 시공간 곡률을 형성하여 물체나 빛을 적게나마 붙잡는 것으로 알려져 있습니다. 따라서 블랙홀을 관측할 때는 그 근처의 물체나 빛이 블랙홀로 빨려 들어가는 모습이나 궤적을 관측할 수 있습니다.

먼저 터무니없는 질문을 해봤다. 블랙홀의 색을 물어본 것이다. 이에 ChatGPT는 "블랙홀은 색이 없다"는 답변과 함께 그 이유로 1. 블랙홀은 시공간 휨으로 빛을 당긴다. 2. 빛이 블랙홀로 빨려 들어가서 우리가 관측할 수 없다. 라고 했다.

그런데 이 정답은 완벽하지 않다. 왜냐하면 "빛이 빨려 들어가는 게 색상이 없는 거랑 무슨 상관이지?"라고 질문할 수 있기 때문이다. 이를 정확하게 이해하려면, '색상을 인지하는 것은 물체에서 반사된 빛이 우리의 눈에 들어와 관측하는 과정이다'라는 명제를 이해해야 한다. 즉, 우리가 빛을 인지하는 원리를 이해하고 있어야 하는데, 앞의 정답에서는 이 사실이 생략되어 있다.

그럼 이제 학생으로 빙의하여 다시 질문해 보자.

필자

빛을 붙잡는 거랑 색상이 없는 게 무슨 상관이야?

ChatGPT

빛이 붙잡히면 그 빛은 블랙홀로 들어가기 때문에 블랙홀에서는 그 빛이 반사되거나 방출되는 일이 없습니다. 따라서 블랙홀은 빛을 발하지 않으므로 블랙홀의 색상이 없다는 것입니다.

일반적으로 빛은 물체에 부딪히거나 흡수될 때 색을 보여주는데, 이는 물체가 빛의 일부를 흡수하고 나머지를 반사하여 우리 눈에 보이는 색상이기 때문입니다. 하지만 블랙홀에서는 빛이 흡수되면 반사되지 않기 때문에 색상이 보이지 않는 것입니다.

그러나 블랙홀 주변의 물질이나 가스 등이 블랙홀로 빨려 들어갈 때 물질이나 가스의 분자가 블랙홀 주변에서 빛을 방출할 수 있습니다. 이렇게 방출된 빛은 블랙홀 근처에서 광도를 발하며, 이를 통해 블랙홀 근처의 물질의 색상을 확인할 수 있습니다. 이런 방법으로 블랙홀 근처 물질의 색상을 조사하고 있습니다.

충분히 납득할 수 있는 설명을 해줬다. 아까 필자가 언급했던 '색상의 인지 원리'가 생략되어 사용자가 헷갈린다는 것을 파악하고는 바로 두 번째 문단에서 정리하여 "일반적으로 빛은 물체에 부딪히거나 흡수될 때 색을 보여주는데, 이는 물체가 빛의 일부를 흡수하고 나머지를 반사하여 우리 눈에 보이는 색상이기 때문"이라고 친절하게 설명해 준다.

세 번째 문단에서는 '블랙홀 자체의 색상'보다는 '블랙홀 주변 물질이나 가스의 빛 방출을 통한 색상 조사'에 대해서도 알려줌으로써 또 다른 호기심을 불러일으킨다. 이 색상에 대해서도 물어보자.

필자 그렇게 조사한 블랙홀 근처 물질의 색상은 무슨 색이야?

ChatGPT 블랙홀 근처 물질의 색상은 보통 붉은색, 파란색, 녹색 등이 관측됩니다. 이는 블랙홀 주변의 물질이 블랙홀에 흡수되기 전에 블랙홀 주변을 돌며 고속으로 회전하면서 가열되고, 그 결과로 방출되는 빛의 파장이 관측자에게 도달할 때 이런 색상이 관측되기 때문입니다.

특히 이런 색상은 블랙홀 근처의 가스나 먼지의 조성에 따라 다양한 색상으로 관측될 수 있습니다. 예를 들어, 블랙홀 근처에 먼지가 많은 경우 빨간색 색조가 강조될 수 있고, 가스가 많은 경우 파란색 색조가 강조될 수 있습니다. 따라서 블랙홀 근처 물질의 색상은 물질의 조성과 조사 방법 등에 따라 달라질 수 있습니다.

그런데 답변이 너무 어려운 전문 용어들로 이뤄졌다. 좀 더 쉽게 물어보자.

필자 방금 대답을 15살 학생에게 5줄로 다시 설명해 줘.

블랙홀은 빛을 흡수하여 빛을 발하지 않습니다. 그러므로 블랙홀의 색상은 없습니다. 하지만 블랙홀 주변의 물질이나 가스는 블랙홀로 빨려 들어가면서 빛을 방출합니다. 이 방출된 빛의 파장은 물질의 조성에 따라 붉은색, 파란색, 녹색 등으로 다양합니다. 이런 방법으로 블랙홀 근처 물질의 색상을 조사하고 있습니다.

훨씬 이해하기 쉽다. 만약 답변이 너무 쉽거나 더 전문적인 지식을 알고 싶다면, 다음과 같이 난이도를 올려보자.

필자

내가 천문학자라고 가정하고, 방금 답변을 아주 자세하게 10줄로 설명해 줘.

ChatGPT

블랙홀은 극도로 높은 질량을 가진 물체가 공간을 굴절시키는 결과로 형성된 현상으로 중력이 무한대로 수렴하는 지점인 사건의 지평면을 가지며, 그 안에서는 모든 것이 중력에 의해 끌어들여지는 현상이 일어납니다.

블랙홀은 직접적으로 빛을 발하지 않기 때문에 그 자체의 색상은 없습니다. 하지만 블랙홀 주변의 물질이나 가스 등이 블랙홀로 빨려들어갈 때 물질이나 가스의 분자가 블랙홀 주변에서 빛을 방출할 수 있습니다. 이렇게 방출된 빛은 블랙홀 근처에서 광도를 발하며, 이를 통해 블랙홀 근처 물질의 색상을 확인할 수 있습니다.

블랙홀 근처 물질의 색상은 물질의 조성과 조사 방법에 따라 다양합니다. 블랙홀 근처에 가스가 많으면 파란색 색조가 강조될 수 있고, 먼지가 많으면 빨간색 색조가 강조될 수 있습니다. 이런 물질의 색상을 통해 블랙홀 근처 물질의 구성과 특성을 파악할 수 있습니다.

블랙홀 근처의 물질은 블랙홀로 빨려들어가기 전에 블랙홀 주변을 돌며 고속으로 회전하면서 가열됩니다. 이로 인해 방출되는 빛의 파장이 관측자에게 도달할 때 붉은색, 파란색, 녹색 등의 다양한 색상이 관측됩니다.

블랙홀 근처 물질의 색상은 관측자의 입장에 따라 다르게 관측될 수 있습니다. 이는 빛의 파장이 블랙홀에서의 중력장에 의해 찌그러져서 관측자에게 도달하는 시간이나 위치가 다르기 때문입니다.

블랙홀 근처 물질의 색상을 관측하는 것은 블랙홀 근처 물질의 특성을 파악하는 데 중요한 역할을 합니다. 이를 통해 우주에서 블랙홀은 매우 중요한 역할을 합니다. 블랙홀은 우주의 진화와 형성에 큰 영향을 끼치기 때문입니다. 블랙홀이 형성되는 과정은 먼저 매우 큰 질량을 가진 별이 수명을 다하면서 붕괴되고, 그 결과로 블랙홀이 형성됩니다.

블랙홀은 그 자체로 중력의 장을 형성하기 때문에 주변에 있는 물체를 끌어들이고 빛도 그 중력에 포획됩니다. 또한 블랙홀 근처의 물질이 블랙홀로 빨려들어가면서 매우 강한 중력을 발생시키고, 이로 인해 많은 에너지가 방출됩니다. 이런 에너지 방출은 우주에서의 진화에 큰 영향을 끼치며, 은하계의 진화와 우주의 역사에도 큰 영향을 끼칩니다.

또한 블랙홀은 우주 탐사와 연구에도 중요한 역할을 합니다. 블랙홀 주변에는 다양한 물질과 가스가 존재하며, 이들 물질은 블랙홀에 의해 가열되고 방출되는 빛을 통해 파악할 수 있습니다. 이런 방식으로 블랙홀 근처 물질의 구성을 파악함으로써 우주의 구성과 진화에 대한 이해를 높일 수 있습니다.

우리는 처음에 단순한 "블랙홀은 무슨 색이야?"라는 질문 하나를 ChatGPT에 물었는데, 이 중 대답에서 이해가 가지 않는 것을 되물어봄으로써 '색상의 인지 원리', '블랙홀의 빛을 끌어당기는 속성', '블랙홀 주변 물질의 빛 방출', '블랙홀 주변 먼지와 가스 조성에 따른 색상 차이'에 대해서까지 지식을 얻게 됐다. 이때 대답이 너무 어려울 경우에는 대답의 수준을 낮춰볼 수도 있었고, 더 구체적이고 정확한 대답을 원할 경우에는 대답의 수준을 높이고 분량도 늘려볼 수 있었다.

만약 사람에게 앞의 예시와 같은 질문을 했다면, "무슨 그런 어이없는 질문을 하니?"라고 했을지도 모른다. 하지만 ChatGPT는 모든 질문에 공정하고 친절하게 답한다. 부담 없이 자신의 이해도에 맞게 모르는 내용을 얼마든지 되물을 수 있는 것이다. ChatGPT는 지치지도 않

고, 질문을 무시하지도 않는다. 항상 성심성의껏 답해주는 ChatGPT
에 메타 인지를 활용하여 자신이 이해하지 못한 것들을 전부 물어본
다면, 누구나 무한한 지식을 자유롭게 탐구할 수 있을 것이다.

03 10kg 감량하는 식단과 운동 플랜 짜기

우리는 365일 다이어트 중이라고 해도 과언이 아니다. 그만큼 현
대인들에게 다이어트 식단과 운동은 이젠 트렌드가 됐다. 식단과 운
동을 위해 비싼 금액도 서슴없이 지불한다. 그런데 만약 누군가 개
인의 요구에 맞춰 식단과 운동 플랜을 구체적으로 짜준다면 어떨까?
원할 때마다 말이다.

ChatGPT를 식단과 운동 플랜에 사용해 보면, 얼마나 효과가 있을
까? 다음 예시를 보자.

필자
지금부터 전문 트레이너처럼 행동해. 나는 173cm에 85.7kg이고, 골격근량은
25kg, 체지방량은 20.8kg야. 어떤 운동을 해야 좋을까?

ChatGPT
안녕하세요! 저는 ChatGPT입니다. 당신의 몸무게, 골격근량, 체지방량 정보를
토대로 운동에 대한 조언을 드리겠습니다.

1. 근력 운동은 근육을 강화하고 근육량을 늘리는 데 효과적입니다. 근육은 대사
   량이 높기 때문에 근육량을 늘리면 기초대사량이 증가하고, 체지방을 더 빠르
   게 태우게 됩니다. 따라서 체지방을 감량하고자 한다면, 근력 운동을 추천합
   니다.

- **근력 운동 예시**: 덤벨 숄더프레스, 레그프레스, 데드리프트, 벤치프레스, 친업, 밀리터리 프레스 등

2. 유산소 운동은 체지방을 빠르게 태우는 데 효과적입니다. 하지만 근육량 감소와 대사량 저하 등의 부작용이 발생할 수 있습니다. 따라서 체지방을 감량하면서 근육량을 유지하기 위해서는 근력 운동과 함께 유산소 운동도 함께 해야 합니다.
    - **유산소 운동 예시**: 러닝머신, 자전거, 실내사이클, 로잉머신, 줄넘기 등

3. 운동 외에 식이 조절도 중요합니다. 규칙적인 식사와 영양소의 균형 잡힌 식습관을 유지해야 체지방 감량과 근육량 유지에 도움이 됩니다. 또한 탄수화물과 당분을 줄이고 단백질과 건강한 지방을 충분히 섭취하는 것이 좋습니다.
    - **식이 조절 예시**: 채소와 과일 섭취 증가, 탄수화물 섭취 감소, 단백질과 건강한 지방 섭취 증가 등

4. 운동을 시작하기 전에 건강 상태를 확인하고 신체적 제한이 있는 경우 의료진과 상담하여 적절한 운동 계획을 수립하는 것이 중요합니다.

감사합니다!

디테일한 정보를 제공했음에도 불구하고 실제로는 개인적인 운동이라고 하기에는 다소 미흡하다. 일반적인 정보에 가깝다. 하지만 만약 전문가에게 상담을 받은 후라서 어떤 종류의 운동을 할지 알고 있다면, 이에 대한 좀 더 자세한 질문을 할 수 있다.

필자
등을 넓히기 위한 운동 세트를 추천해 줘.

ChatGPT
등을 넓히기 위한 운동은 주로 상체 후면 근육을 강화하는 운동이며, 다음에 추천하는 운동 세트는 이를 달성하는 데 효과적입니다.

1. 랫 풀다운
- 랫 풀다운 머신에 앉아, 어깨 너비만큼 손을 벌립니다.

- 팔꿈치를 90도로 굽혀, 어깨 아래에서 랫 바를 잡습니다.
- 상체를 일직선으로 유지하며, 상체를 약간 뒤로 젖히면서 랫 바를 가슴쪽으로 당겨올립니다.
- 천천히 랫 바를 원위치로 내려놓습니다.

2. 바벨 로

- 바벨을 바닥에 놓고, 바벨과 발 사이에 두 손을 넣어 잡습니다.
- 상체를 45도 각도로 숙이고, 손을 앞쪽으로 내밀면서 바벨을 무릎쪽으로 당겨올립니다.
- 천천히 바벨을 원위치로 내려놓습니다.

3. 시티드 로

- 시티드 로 머신에 앉아, 손잡이를 잡습니다.
- 상체를 뒤로 젖히면서 손잡이를 가슴쪽으로 당겨올립니다.
- 천천히 손잡이를 원위치로 내려놓습니다.

4. 바벨 데드리프트

- 바벨을 바닥에 놓고, 어깨 너비만큼 발을 벌리고 바벨 앞쪽에 서서 잡습니다.
- 상체를 일직선으로 유지하며, 무릎을 굽히면서 바벨을 몸쪽으로 당겨올립니다.
- 천천히 바벨을 바닥으로 내려놓습니다.

상기 운동은 등의 상부와 중부 근육을 강화하는 데 효과적입니다. 각 운동은 8-12회를 3-5세트 정도 수행하는 것이 적당하며, 이를 통해 등 근육을 효과적으로 강화할 수 있습니다. 또한 체력 상태와 개인적인 상황에 따라 적절한 무게와 반복 수를 조절하는 것이 중요합니다.

사실 자세를 볼 수 없으니 ChatGPT가 제공하는 설명만으로 운동을 하기에는 부족하다. 하지만 적어도 '등을 넓히기 위해서는 이런 운동들을 해야 하는구나!'라는 정보와 운동 루틴을 계획하는 것은 도움을 받을 수 있다. 이번엔 운동만큼이나 중요한 식단도 물어보자.

필자

아몬드, 호두, 닭가슴살, 블루베리, 마카로니로 하루 식단을 구성해 줘. 어떻게 만드는지도 자세히 알려줘.

ChatGPT

아침 식사로는 아몬드와 블루베리가 든 그릭 요거트 볼을 추천합니다. 아몬드와 블루베리는 항산화제와 영양소가 풍부하며, 그릭 요거트는 단백질과 프로바이오틱스가 풍부합니다. 다음은 자세한 레시피입니다.

아침 식사:

- 그릭 요거트 1 컵
- 아몬드 10-12개
- 블루베리 1/2 컵

1. 그릭 요거트를 그릇에 담습니다.

2. 아몬드와 블루베리를 그릇에 넣습니다.

3. 모든 재료를 섞어 먹습니다.

점심 식사로는 닭가슴살과 마카로니가 든 샐러드를 추천합니다. 닭가슴살은 저지방 고단백 식품이고, 마카로니는 탄수화물이 풍부한 음식입니다. 다음은 자세한 레시피입니다.

점심 식사:

- 닭가슴살 1/2 마리
- 마카로니 1 컵
- 양상추 2 컵
- 체리 토마토 1/2 컵
- 올리브 오일 2 큰 숟가락
- 식초 1 큰 숟가락
- 소금과 후추 적당량

1. 닭가슴살을 그릴에 굽습니다.

2. 마카로니를 끓는물에 넣고 10분 정도 삶습니다.

3. 양상추와 체리 토마토를 씻어서 씹기 좋은 크기로 썰어 그릇에 담습니다.

4. 올리브 오일, 식초, 소금, 후추를 섞어 드레싱을 만듭니다.

5. 삶은 마카로니를 그릇에 담습니다.

6. 구운 닭가슴살을 잘게 찢어 그릇에 담습니다.

7. 양상추와 체리 토마토 위에 마카로니와 닭가슴살을 올립니다.

8. 드레싱을 뿌려서 완성합니다.

잘 맞춰 드시길 바랍니다!

레시피까지 자세히 설명해 주며, 현재 갖고 있는 주요한 재료에 맞춰서 식단을 추천해 준다. 하루의 식단만을 제공하는 것이 아니라 일주일의 메뉴도 주요 재료만 넣어주면 자세히 알려준다.

필자 체중 감량이 목적인데, 닭가슴살, 호두, 양상추, 우유를 주재료로 일주일 식단을 만들어 줘.

ChatGPT 체중 감량을 목적으로 하기 때문에 칼로리와 영양소 함량을 고려하여 식단을 구성했습니다. 다음은 일주일간의 식단과 레시피입니다.

- **월요일 - 아침**: 호두 10개, 요거트 1컵, 감자 하나 / 점심: 닭가슴살 샐러드 (양상추, 토마토, 당근, 올리브 오일 드레싱), 굴소스를 곁들인 굴짬뽕 한 그릇 / 저녁: 우유 1컵, 오트밀 1컵, 바나나 반쪽

- **화요일 - 아침**: 닭가슴살 1조각, 계란 1개, 감자 하나 / 점심: 양상추 샐러드에 구운 닭가슴살을 올린 그릭 샐러드, 흑임자 누룽지 죽 / 저녁: 우유 1컵, 피칸 1/4컵, 오트밀 1/2컵

지면이 짧아 중략했으나, 이런 방법으로 매일매일의 식단을 계획할 수도 있다. 중요한 점은 제한된 주재료들로 질리지 않게 메뉴를 바꿔가며 조합해 준다는 것이다. 꼭 체중 감량이 목적이 아니더라도 충분히 우리 일상에 활용할 수 있을 만큼 유용하다.

04 가족, 친구, 연인이 등장하는 소설을 써보자!

어렸을 때 학교에서 친구가 등장하는 소설을 써본 적이 있는가? 연인들끼리 서로가 등장하는 소설을 서로 이어서 쓰는 놀이도 있었듯이 사람들은 자신이 사랑하는 사람들이 소설에 등장하게 되면, 더 애착을 느끼고 재미있게 받아들인다. 그러나 창작의 고통은 글을 써본 사람들이라면 누구나 안다. 만약 ChatGPT가 이런 창작의 고통을 대신 감내해 준다면 어떨까?

필자

내 아내 '중아'가 나오는 30줄짜리 소설을 써줘. 우리는 하와이에서 운명적으로 만나서 사랑을 이어갔고, 역경을 이겨내고 결혼하여 성공적인 삶을 살고 있어. 큰 역경을 이겨내는 과정에 집중하여 자세하게 소설을 써줘.

ChatGPT

하와이의 태양은 눈부셨다. 내가 여행을 계획할 때 이곳을 선택한 것은 이곳이 지구상에서 가장 아름답고, 환상적인 장소 중 하나라는 것을 알았기 때문이다. 하지만 내가 만난 여인 '중아'를 보고 나서는 이곳이 그저 아름다운 장소가 아니라 우리의 운명적인 만남을 이루어 낼 장소가 됐다.

그녀와 만난 지 이틀이 지나지 않아, 나는 그녀를 위해 마침내 용기를 내어 그녀에게 말을 걸었다. 그녀는 내게 천사처럼 보였다. 그녀는 하와이의 한 놀이 공원에서 일하고 있었는데, 그녀의 아름다움은 나를 놀라게 했다. 그녀의 미소는 나를 사로잡았고, 그녀의 목소리는 내게 감동을 줬다.

그리고 이제 우리는 서로를 사랑하는 가족을 둘러싸고 행복한 삶을 살고 있다. 그것은 우리가 함께 이루어 낸 결과며, 우리가 함께 이루어 낸 성과다. 나는 우리가 함께 이룬 모든 것들에 대해 무한한 감사를 느낀다.

우리는 지금도 함께 서로를 위해 최선을 다하며, 서로를 지지하고, 서로를 사랑하며 살아간다. 그리고 우리의 사랑은 끝이 없다.

내용이 길어서 중략했으나, 내용 구성이 생각보다 더 좋아서 놀랐다. 여러분도 사랑하는 가족, 연인, 친구가 나오는 소설을 한 번 요청해 보라. 소설의 장르도 마음대로 지정할 수 있다. 때로는 공포 소설, 때로는 로맨스 소설을 만들 수도 있다.

그런데 이렇게 소설을 막상 작성해 보면, 에세이를 작성할 때와 유사하게 생각보다 분량이 적게 나올 때가 있다. 이럴 때 사용할 수 있는 꿀팁을 공개하겠다. 만약 총 100줄 분량을 목표로 한다고 가정하자. 그럼 우선 5개 정도의 파트로 나눠서 각 파트의 핵심 내용을 서술해 달라고 한다. 이후에 첫 번째 파트를 20줄로 설명해 달라는 과정을 5회 반복하면, 100줄 분량의 소설을 쓸 수 있게 된다. 이렇게 스케일을 키우면, 1,000줄 또는 그 이상으로도 소설을 확장할 수 있다. 즉, 먼저 큰 내용을 작은 내용들로 나누고, 하나씩 정복해 가는 방법이다.

그럼 이 효과를 살펴보자. 먼저 한국 공포 소설을 그냥 써달라고 해보자.

필자

한국 공포 소설을 써줘.

ChatGPT

한국 공포 소설을 한 편 써보겠습니다.

[제목: 미지의 손]
이번에 이사 온 집은 전에 살던 집보다 훨씬 컸다. 하지만 내 방은 여전히 작았다. 어쩌면 적응하겠지. 그러면서 새로운 집을 탐험하던 그날, 나는 내 방에서 뭔가 이상한 것을 발견했다. 바로 손 모양의 얼굴인 것이다.
그런데 그 손 모양의 얼굴은 점점 커져 갔다. 이게 뭐지? 나는 깜짝 놀랐다. 그때 그것은 내게 뭔가를 속삭였다. 하지만 나는 그 속삭임을 이해할 수 없었다.

그러면서 내 방안에 이상한 기운이 느껴졌다. 신기한 일이다. 그래서 나는 언제부턴가 문을 열고 창문도 열고 있었다. 그때부터 나는 그 기운을 느끼지 못했다.

하지만 그 이후로도 어떤 이유에서인지 내 방에서는 이상한 일들이 자꾸 일어났다. 내가 잠든 사이에도 내 머리카락이 긁히는 소리가 들려왔다. 그리고 침대 옆에는 늘 이상한 흔적이 남아 있었다.

어느 날, 내가 자리에 앉아 책을 읽고 있을 때 갑자기 누군가가 내게 손을 내밀었다. 그리고 그 손은 이전에 내 방에서 봤던 손 모양의 얼굴이었다. 나는 집 전체를 뒤지며 그것을 찾아봤지만, 어디에도 없었다.

나는 이제 이상한 일들에 대해 더 이상 견딜 수 없었다. 이사 온 집에서 나와 나의 가족들이 겪고 있는 이 끔찍한 상황을 벗어나기 위해서는 내가 이 문제에 직면해야만 했다.

그래서 나는 용기를 내어 그 손 모양의 얼굴이 나타난 방으로 다가갔다. 그러자마자 그것은 사라졌다. 하지만 나는 그것이 어디에서 나타날지 모르기 때문에 끝없는 공포 속에서 살아가야 했다.

  내용이 상당히 짧고, 짜임새가 엉성하다. 소설 내용도 구분되는 부분이 크게 보이지 않고, 결말도 매우 어색하다. 이번엔 소설을 5개 파트로 쪼갠 다음 하나씩 구체화해 보자.

필자

한국 공포 소설을 5개 파트로 나눠서 핵심 내용들을 말해줘.

ChatGPT

한국 공포 소설을 5개 파트로 나눠서 핵심 내용을 설명해 드리겠습니다.

1. **초입**: 초입에서는 대개 이야기의 배경이나 인물들이 소개됩니다. 또한 전개에 있어서 중요한 힌트나 미묘한 공포 요소들이 힌트로 제시될 수도 있습니다.

2. **전개**: 전개에서는 대개 인물들이 공포 요소들과 마주하게 됩니다. 그들이 경험하는 공포 요소는 초자연적인 현상, 괴물, 유령 등 다양할 수 있으며, 인물들의 심리적인 변화나 갈등도 중요한 플롯 요소로 이용됩니다.

3. **절정**: 절정에서는 공포 요소들이 더욱 강렬해지며, 인물들의 삶과 안전에 대한 위협이 커집니다. 이때 공포 요소들이나 살인 현장 등 섬뜩한 장면들이 등장할 수 있습니다.

4. **해결**: 해결에서는 인물들이 공포 요소를 해결하기 위해 노력합니다. 이 과정에서 인물들의 실수나 결함들이 드러나며, 이들이 극복하는 모습도 함께 그려집니다.

5. **후기**: 후기에서는 대개 인물들이 공포 요소를 극복한 후의 모습이 그려집니다. 그리고 이야기의 결말에서는 대개 전개에서 힌트로 제시됐던 것들이 풀리거나 뜻밖의 반전이 일어날 수도 있습니다.

이렇게 총 5개 파트로 ChatGPT가 공포 소설을 구성했다. 이제 하나의 파트씩 써달라고 해보자.

필자

한국 공포 소설에서 '초입' 파트를 20줄로 써줘.

ChatGPT

초입 파트에서의 한국 공포 소설은 일반적으로 다음과 같은 형태를 갖고 있습니다. 다음 내용을 참고하시기 바랍니다.

[제목: 두 개의 얼굴]

서연이는 최근에 이사를 왔다. 이전 집보다 훨씬 컸지만, 서연이의 방은 여전히 작았다. 그래도 적응하겠지.

어느 날 밤, 서연이는 머리카락을 한 가닥 내려놓고 방에 들어왔다. 그때 그녀는 눈을 떴다. 자신의 침대 옆에 이상한 남자가 있다. 그 남자는 입을 열지 않고 그냥 그녀를 바라만 보고 있었다.

서연이는 깜짝 놀랐다. 그리고 그 남자의 얼굴이 자신의 얼굴과 똑같다는 것을 깨달았다. 그 남자는 언제, 어디서 왔는지 모르는 존재였다.

서연이는 이상한 기운이 느껴진다고 생각했다. 그래서 그녀는 자기 방의 문을 열어놓고 창문도 열어놓았다. 그러자 이상한 기운은 사라졌다. 하지만 그 이후로도 서연이는 자신의 방에서 이상한 일들이 자꾸 일어나는 것 같았다. 자신이 잠든 사이에도 머리카락이 긁히는 소리가 들려왔고, 침대 옆에는 늘 이상한 흔적이 남아 있었다.

그녀는 이것이 무엇인지 이해할 수 없었다. 하지만 그녀는 이 이상한 일들이 끝없이 계속될 것 같다는 것을 느꼈다. 이제 서연이는 그녀의 방에서 무슨 일이 일어나는지 알아내야만 할 것 같다.

앞서 ChatGPT가 '초입' 파트에서는 배경과 인물, 공포 요소가 나온다고 했는데, 이에 따라 '초입'에는 이사온 집, 서연, 이상한 현상들이 묘사됐다. 이제 '전개' 파트도 요청해 보자.

 필자

이 소설의 '전개' 파트를 20줄로 써줘.

 ChatGPT

이 소설의 전개 파트는 다음과 같습니다.

서연이는 이상한 일이 계속 일어나는 자신의 방에서 뭔가를 찾기 시작했다.

그러던 중에 그녀는 방 한쪽에서 빨간색 머리카락 하나를 발견했다. 이것은 서연이의 머리카락과 완전히 다른 색이었다.

서연이는 이 빨간색 머리카락이 자신의 방에서 발견된 것을 이상하게 생각했다. 그리고 그녀는 그것이 누군가의 기운을 담고 있는 것 같다고 생각했다.

어느 날 밤, 서연이는 친구와 함께 자신의 방에서 놀고 있었다. 그러던 중에 친구가 발을 뒤로 한 걸음 물러서자 서연이는 친구의 뒷모습에서 이상한 것을 발견했다. 친구의 머리카락이 빨갛게 변했던 것이다.

서연이는 뭔가 이상한 일이 일어나고 있다는 것을 느꼈다. 이제 그녀는 집 전체를 조사하고 이상한 일들의 원인을 찾아내야 했다. 그러면서 그녀는 이전 집 주인들의 이야기를 듣게 된다.

그녀는 이전 집에서 일어난 사건들이 자신의 방에서 일어나는 것과 연관되어 있다는 것을 알아냈다. 결국 서연이는 그녀의 방에서 이상한 일들이 일어난 원인을 찾아내고 그것을 해결하기 위해 노력하게 된다.

그러면서 그녀는 집 전체에서 일어나는 이상한 일들을 해결하기 위한 계획을 세우고, 그녀의 친구들과 함께 일을 처리하기 시작한다. 그리고 서연이는 그녀의 방에서 일어난 이상한 일들과 집 전체에서 일어난 이상한 일들이 결국 하나의 큰 사건이라는 것을 깨닫게 된다.

이런 방법으로 나머지 3개 파트에 대해서도 작성을 요청하면, 각 파트별로 20줄씩 총 100줄의 소설이 된다. 만약 분량을 유사한 방식으로 늘리게 된다면, 더 긴 소설을 쓸 수도 있을 것이다. 그렇다면 장르를 넘나드는 것은 어떨까? 이 경우에도 역시 ChatGPT는 대화에서 나타난 문맥들을 모두 이해하고 있기 때문에 앞의 소설과 이어지지만 달라진 장르에 맞춰 소설을 작성하게 된다.

즉, 다양한 장르를 넘나드는 소설을 물 흐르듯이 자연스럽게 창작할 수 있는 것이다. 물론, ChatGPT는 다양한 텍스트의 바다를 넘나들며 학습한 모델이기 때문에 ChatGPT가 만들어 내는 소설은 쉽게 말해 '패턴화된 창의성'이다. 완전히 새롭고 독자적인 창의성은 아니다. 그러나 "모방은 창조의 어머니"라는 말도 있듯이 세상에 완전히 독자적인 아이디어는 생각보다 그리 많지 않다. ChatGPT의 제한적인 창의성을 잘 조합하고 응용하여 그 수준이 고도화되면, 복합적인 창의성의 집합은 거대한 창의성으로 탈바꿈한다.

05 이제 여행 계획은 ChatGPT에게 맡기자!

ChatGPT를 사용하면, 여행지 고르는 고민은 더 이상 하지 않아도

된다. ChatGPT에게 예산, 취향, 기간, 시기 등의 정보를 제공하면, 가장 최적의 여행지들을 소개해 주기 때문이다.

필자 올해 9월에 해외 여행을 10박 11일로 다녀오려고 해. 예산은 500만 원이고, 총 2명이야. 어디로 다녀오는 게 좋을까? 우리는 휴양보다는 액티비티를 좋아해.

ChatGPT 예산이 5,000,000원이고 10박 11일 동안 액티비티를 즐길 수 있는 해외 여행지를 찾으신다면, 다음 두 가지 여행지를 추천해 드립니다.

1. **베트남**: 베트남은 가격이 저렴하면서도 다양한 액티비티를 즐길 수 있는 여행지입니다. 다낭, 호이안, 미케, 니나트란 등 다양한 도시를 방문해 볼 수 있습니다. 쿠오흐나 국립공원에서 트레킹을 즐기거나 하롱 베이에서 카약을 탈 수도 있습니다. 베트남에서는 또한 현지 음식을 저렴한 가격에 즐길 수 있어 예산 부담을 줄일 수 있습니다.

2. **태국**: 태국 역시 저렴한 여행지로 유명하며 다양한 액티비티를 즐길 수 있는 나라입니다. 방콕, 치앙마이, 치앙라이, 푸켓 등 다양한 도시를 방문할 수 있으며, 스노쿨링, 다이빙, 정글 트레킹, 요가 등 다양한 액티비티를 즐길 수 있습니다. 또한 태국에서는 푸짐한 현지 음식을 매우 저렴한 가격에 즐길 수 있습니다.

두 여행지 모두 저렴한 가격에 다양한 액티비티를 즐길 수 있는 곳이므로 여러분의 기호에 맞는 여행지를 선택해 보세요. 항공권 가격, 숙박 비용 그리고 여행 시기에 따라 예산이 변동될 수 있으니 미리 여행사와 상담하고, 여행 전 예산 계획을 세우는 것이 좋습니다.

액티비티를 즐기고, 기간이 길다는 점과 500만 원의 예산을 고려하여 적절한 장소들을 추천해 줬다. 그런데 만약 바다보다는 산을 선호하고 더운 것을 매우 싫어한다는 조건을 더 추가하고 싶다면, 어떻게 할까?

필자 우리는 바다보다 산을 더 좋아하고, 더운 곳을 매우 싫어해. 어디가 좋을까?

바다보다 산을 선호하고 덥거나 따뜻한 곳을 피하고 싶다면, 10박 11일 여행지로 이 두 곳을 추천합니다.

1. **뉴질랜드**: 뉴질랜드는 아름다운 산과 풍경으로 유명하며 다양한 야외 활동을 즐길 수 있는 곳입니다. 남섬을 방문하여 하이킹, 산악 자전거, 번지 점프 등 남알프스를 탐험해 보세요. 퀸스타운과 와나카는 모험 스포츠를 즐기기에 좋은 인기 여행지입니다. 뉴질랜드의 날씨는 비교적 온화하며 9월은 봄이 시작되는 시기이므로 선선한 기온을 기대할 수 있습니다.

2. **캐나다**: 캐나다는 아름다운 산악 경관과 다양한 야외 활동을 즐길 수 있는 또 다른 국가입니다. 앨버타 주와 브리티시 컬럼비아 주에 걸쳐 있는 캐나다 로키산맥을 방문해 보세요. 밴프 국립공원과 재스퍼 국립공원에서 하이킹, 산악 자전거 타기, 야생동물 관찰 등을 즐길 수 있습니다. 9월의 캐나다 로키산맥의 기온은 보통 시원하고 쾌적하여 야외 활동을 즐기기에 안성맞춤입니다.

만약 뉴질랜드를 가기고 결정했다면, 구체적인 동선을 질문할 수도 있다. 10박 11일이므로 효율적인 동선을 고려하여 여행 계획을 짜는 것은 상당히 골치 아픈 일일 수도 있지만, ChatGPT는 이를 손쉽게 해결해 준다. 그러므로 예산까지 고려하여 너무 비싸지 않은 액티비티들이 들어가는 일정을 소화하면서도 효율적인 동선을 고려한 여행 계획을 ChatGPT에 물어보자.

필자
예산과 효율적인 동선을 고려하여 뉴질랜드 10박 11일 여행 일정을 소개해 줘.

예산과 효율적인 동선을 고려하여 남섬을 중심으로 한 뉴질랜드 여행 10박 11일 일정으로 수정된 여행 일정을 소개합니다.

1일: 크라이스트처치 도착
- 남섬에서 가장 큰 도시인 크라이스트처치에 도착하세요.

- 휴식을 취하며 도시를 둘러보고 크라이스트처치 보타닉 가든과 캔터베리 박물관을 방문하세요.

2-3일: 크라이스트처치에서 테카포 호수까지

- 시외버스를 타고 테카포 호수까지 이동(약 3시간 30분)
- 선한 목자 교회와 테카포 스프링스 방문하기
- 아오라키 매켄지 국제 밤하늘 보호구역에서 별 관측하기

3일 차에는 마운트 쿡 국립공원으로 당일 여행을 떠나 하이킹 또는 경비행기를 타보세요.

4-5일: 테카포 호수에서 퀸스타운까지 시외버스를 타고 이동(약 4.5시간)

- 도시를 둘러보고 스카이라인 곤돌라를 타며 키위 버드라이프 파크 방문하기

5일 차에는 퀸스타운 주변에서 하이킹이나 자전거 타기 같은 저렴한 모험 액티비티를 선택하세요.

6-7일: 퀸스타운에서 밀포드 사운드까지

- 퀸스타운에서 출발하는 교통편과 크루즈가 포함된 저렴한 밀포드 사운드 일일 투어를 예약하세요(왕복 약 12-14시간 소요).
- 멋진 피오르 경치를 감상하고, 경치 좋은 크루즈를 타고 물개, 돌고래, 펭귄과 같은 야생동물을 만나보세요.

8일: 퀸스타운에서 와나카까지 리치스 커넥터 버스를 타고 이동(약 1.5시간)

- 퍼즐링 월드를 방문하고 호수 주변을 산책하며 현지 상점과 카페 탐방하기

9일: 와나카(마운트 어스파이어링 국립공원)

- 마운트 어스파이어링 국립공원으로 당일치기 여행 떠나기
- 롭 로이 빙하 트랙이나 블루 풀스 트랙 등 다양한 하이킹 즐기기

10일: 와나카에서 크라이스트처치까지

- 시외버스를 타고 크라이스트처치로 돌아오기(약 6-7시간)
- 마지막 날 저녁에는 도시에 남은 명소를 둘러보거나 기념품 쇼핑하기

11일: 크라이스트처치 출발

- 숙소에서 체크아웃하고 출국을 위해 공항으로 향합니다.

숙박비를 절약하려면, 저렴한 호텔, 모텔 또는 호스텔에 머무는 것을 고려하세요. 숙소와 액티비티를 미리 예약하면, 가장 저렴한 가격에 이용할 수 있습니다. 또한

현지 카페, 슈퍼마켓 또는 푸드코트에서 식사를 하면, 식비를 절약하는 데 도움이 될 수 있습니다. 버스와 같은 대중교통이나 저렴한 그룹 투어를 이용하면, 교통비를 절약하는 데 도움이 됩니다. 이번 개정된 여행 일정은 뉴질랜드의 아름다운 풍경을 둘러보면서도 예산 친화적이고 효율적인 여행 계획을 제공합니다.

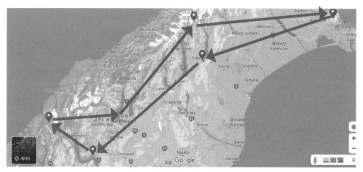

[그림 4-1] ChatGPT가 추천해 준 뉴질랜드 여행 동선

　동선을 지도상에 표시([그림 4-1])해 본 결과, 상당히 효율적이다. In과 Out을 일치시켜 입·출국을 편리하게 했고, 마지막 날에는 기념품까지 구매할 수 있도록 일정을 짜준다. ChatGPT는 이런 효율적인 여행 계획을 순식간에 만든다. 만약 우리가 해외 여행을 갔는데, 중간에 여행 계획에 차질이 생길 경우 ChatGPT에 남은 시간과 현재 예산, 무엇을 하고 싶은지를 실시간으로 묻고 계획을 유동적으로 바꿀 수도 있다.

마이리얼트립에서는 이미 AI 여행플래너 서비스를 통해 ChatGPT를 연동하여 여행 계획을 세워주는 서비스를 하고 있다.

▲ 마이리얼트립 QR코드　　　　　▲ 마이리얼트립의 AI 여행플래너 서비스

06 오늘 뭐 먹지?

　때로는 점심, 저녁 메뉴를 고르는 것이 고민일 경우가 있다. 우리는 상상의 한계가 생활 속에 갇혀 있지만, ChatGPT는 그렇지 않다. 우리가 무엇을 먹었는지 과거 이력을 간단하게 알려주고 어떤 음식을 선

호하는지 말해주면, ChatGPT는 가능한 후보들을 빠르고 다양하게 소
개해 준다.

필자

내가 지난 3일 동안 먹은 음식들은 떡볶이, 피자, 파스타, 해장국, 미역국, 족
발, 보쌈, 오징어볶음, 제육볶음이야. 내가 먹은 음식들은 보통 선호하는 음식
들이고, 오늘 점심 메뉴를 고르고 싶어. 그렇지만 지난 3일 동안 먹었던 음식
은 먹고 싶지 않아. 메뉴를 추천해 줘.

ChatGPT

지난 3일 동안 먹은 음식을 고려하여 오늘 점심 메뉴로 다음을 추천해 드립니다.

1. **비빔밥**: 한국 전통 음식으로 다양한 야채와 고기, 고추장을 섞어 먹는 음식입니
   다. 건강한 재료들로 이뤄져 있어 건강에 좋습니다.

2. **돈까스**: 바삭한 돈까스와 함께 곁들여진 소스와 샐러드를 즐기세요. 다양한 변
   형이 있어 선택의 폭이 넓습니다.

3. **김밥**: 한국 전통 쌀밥 롤로 다양한 재료를 넣고 김으로 감싸 만든 음식입니다.
   간단한 식사로 좋으며 포장하여 편하게 먹을 수 있습니다.

4. **삼계탕**: 한국 전통 닭요리로 인삼, 대추, 무, 백리향과 함께 닭을 푹 삶아 만든 국
   물 요리입니다. 건강에 좋은 성분이 많아 힘을 기를 수 있습니다.

이 중에서 마음에 드는 메뉴를 선택해 보세요. 오늘 점심 맛있게 드시길 바랍
니다!

아마도 조만간 최근 먹은 음식들을 토대로 취향을 분석하고 메뉴
를 추천하는 인공지능 어플이 나오지 않을까 예상해 본다.
이번엔 감기에 걸린 상황에서 먹기 좋은 음식을 추천받아 보자.

필자

감기에 좋은 음식 메뉴를 추천해 줘.

ChatGPT

감기에 걸렸을 때는 면역 체계를 지원하고 증상을 완화하는 데 도움이 되는 영양이 풍부하고 편안한 음식을 섭취하는 것이 필수적입니다. 다음은 컨디션 회복에 도움이 되는 하루 권장 메뉴입니다.

아침 식사

- **과일을 곁들인 따뜻한 오트밀**: 아몬드 우유, 잘게 썬 사과, 바나나, 시나몬을 뿌려 오트밀을 준비합니다. 오트밀은 소화하기 쉽고 과일은 필수 비타민과 섬유질을 제공합니다.
- **꿀과 레몬을 넣은 생강차**: 생강은 천연 항염증제로 목을 진정시키는 데 도움이 됩니다. 꿀은 항균 효과가 있고, 레몬은 비타민 C를 제공합니다.

점심 식사

- **닭고기와 야채 수프**: 감기에 대한 고전적인 치료법인 닭고기 수프는 코막힘을 완화하고 필수 영양소를 공급하는 데 도움이 됩니다. 당근, 셀러리, 시금치 같은 채소를 추가하면, 비타민을 더 섭취할 수 있습니다.
- **통곡물 토스트**: 소화가 잘되고 에너지를 제공합니다. 꿀을 얇게 펴 바르거나 아보카도 한 조각을 추가하면, 건강한 지방을 섭취할 수 있습니다.

간식

- **베리를 곁들인 그릭 요거트**: 그릭 요거트에는 단백질과 프로바이오틱스가 풍부하여 면역 체계를 지원합니다. 베리류에는 항산화제와 비타민이 풍부합니다.
- **허브차**: 카모마일, 페퍼민트 또는 에키네시아 차를 선택하면, 목을 진정시키고 긴장을 완화하는 데 도움이 됩니다.

저녁 식사

- **구운 생선 또는 찐 생선**: 생선에는 오메가3 지방산이 풍부하여 염증을 줄이는 데 도움이 될 수 있습니다. 대구나 틸라피아처럼 소화가 잘되는 순한 흰살 생선을 선택하세요.
- **찐 채소**: 브로콜리, 콜리플라워, 케일은 영양이 풍부하고 소화가 잘되는 채소입니다. 이런 채소에는 비타민, 미네랄, 항산화제가 풍부합니다.
- **현미 또는 퀴노아**: 두 곡물 모두 에너지를 공급하고 위장에 부담이 적습니다.

잠자리에 들기 전

- **따뜻한 우유에 꿀과 강황을 조금 넣어 마시기:** 따뜻한 우유는 목을 진정 시키고, 꿀은 항균 효과가 있으며, 강황은 항염증 효과가 있습니다.

물, 허브차, 맑은 국물을 충분히 마셔 하루 종일 수분을 유지하는 것을 잊지 마세요. 카페인, 알코올, 단 음료는 탈수를 유발하고 증상을 악화시킬 수 있으므로 피하세요. 식이 제한이 있거나 알레르기가 있는 경우 이 메뉴를 적절히 조절하세요.

감기에 좋은 아침, 점심, 저녁 식사 뿐만 아니라 간식과 야식(?)까지 도 추천해 줬다. 특정한 식이요법을 하고 있는 경우에도 해당 식이요법 에 맞게 식단을 구성할 수 있고, 문화를 고려한 음식 메뉴도 선정할 수 있다. 만약 외국인 친구가 한국에 놀러왔을 때 한국의 대표적인 음식들 을 추천해 주고자 하는데, 매운 음식을 잘 먹지 못한다면 어떻게 하면 좋을까?

필자

미국인 친구가 다음 달에 한국에 놀러 와. 이 친구에게 한국의 전통 음식을 5가 지 소개해 주고 싶어. 그런데 이 친구는 매운 음식을 잘 못먹어. 적절한 음식들 을 5가지 소개해 줘.

ChatGPT

매운 음식을 좋아하지 않는 친구에게 한국 전통 요리를 소개하는 것은 맛있고 순 한 옵션이 많기 때문에 충분히 가능합니다. 미국인 친구에게 추천할 만한 한식 5 가지를 소개합니다.

1. **잡채:** 잡채는 고구마 면(당면)을 당근, 시금치, 양파, 버섯 등 다양한 야채와 함께 볶아 만든 인기 있는 한국 요리입니다. 간장, 참기름, 설탕으로 간을 하여 약간 달콤하고 고소한 맛이 납니다.

2. **불고기**: 불고기는 양념에 재워 구운 쇠고기 요리로 부드럽고 풍미가 있어서 인기가 높습니다. 얇게 썬 쇠고기를 간장, 설탕, 참기름, 마늘, 배 퓌레를 섞은 양념에 재운 요리입니다. 양념은 맵지 않고 고기에 약간 달콤하고 고소한 풍미를 줍니다. 불고기는 밥, 상추쌈과 함께 먹거나 비빔밥의 토핑으로 즐길 수 있습니다.

3. **삼계탕**: 삼계탕은 속을 편안하게 해주는 한국 인삼 닭고기 수프입니다. 찹쌀, 인삼, 대추, 각종 약초로 속을 채운 영계 한 마리를 통째로 넣어 끓입니다. 건강에 좋은 것으로 알려진 이 수프는 특히 더운 여름철에 인기가 높습니다. 국물은 순하고 닭고기는 부드럽고 풍미가 좋습니다.

4. **김밥**: "한국식 초밥"이라고도 불리는 김밥은 밥과 다양한 채소, 때로는 익힌 고기나 해산물을 말린 김에 싸서 먹는 밥말이입니다. 당근, 시금치, 단무지, 오이, 달걀 등 다양한 속 재료를 넣는 것이 일반적입니다. 김밥은 매운 재료를 피하고 부드럽고 고소한 맛을 내기 위해 쉽게 커스터마이징할 수 있습니다.

5. **전**: 전은 한국의 고소한 전을 통칭하는 말입니다. 전에는 밀가루와 달걀 반죽에 야채, 고기, 해산물 등의 재료를 넣어 만든 다양한 종류가 있습니다. 파전, 김치전, 해물파전 등이 인기 있는 전 종류입니다. 전은 보통 간장 베이스의 담백한 맛의 소스와 함께 제공됩니다.

외식할 때는 레스토랑 직원에게 친구의 매운맛 선호도를 알려주면, 적합한 요리를 추천하거나 그에 따라 매운맛의 강도를 조절할 수 있습니다.

반대로 자신이 외국에 놀러갔을 때 취향에 맞는 외국 전통 음식을 소개해 달라고 할 수도 있다. 이렇게 ChatGPT를 활용하면, 건강, 취향, 식이요법, 문화 등 다양한 요소들을 고려하여 자신에게 적합한 메뉴를 소개받을 수 있다.

만약 냉장고에 쇠고기, 대파, 숙주, 표고버섯, 식용유, 참기름, 고춧가루, 다진 마늘, 국간장, 소금, 토마토, 가지, 브로콜리, 파프리카, 깻잎, 양파가 있다면, 우리가 만들 수 있는 요리에는 무엇이 있을까?

필자

만약 냉장고에 쇠고기, 대파, 숙주, 표고버섯, 식용유, 참기름, 고춧가루, 다진 마늘, 국간장, 소금, 토마토, 가지, 브로콜리, 파프리카, 깻잎, 양파가 있다면, 만들 수 있는 요리들과 요리 방법들을 모두 알려줘.

ChatGPT

냉장고에 있는 재료들을 활용하여 여러 가지 요리를 만들 수 있습니다. 몇 가지 요리와 간단한 조리법을 제안해 드립니다.

1. 쇠고기 볶음
- 쇠고기를 적당한 크기로 썰어 양념(다진 마늘, 국간장, 참기름, 소금)에 재워주세요.
- 팬에 식용유를 두르고, 대파, 양파, 표고버섯, 숙주를 볶아주세요.
- 양념한 쇠고기를 넣고 볶아주세요. 고춧가루를 약간 뿌려주세요.

2. 야채 볶음
- 팬에 식용유를 두르고, 가지, 브로콜리, 파프리카, 양파를 넣어 볶아주세요.
- 소금과 국간장으로 간을 맞추고, 마지막에 깻잎과 대파를 넣어 살짝 볶아주세요.

3. 표고버섯 전골
- 표고버섯을 씻어 얇게 썰어주세요.
- 대파와 양파도 썰어주세요.
- 냄비에 쇠고기, 표고버섯, 대파, 양파를 넣고 물을 부어주세요.
- 다진 마늘, 국간장, 고춧가루로 양념한 후 중불에서 끓여주세요. 간을 맞추기 위해 소금을 적당량 넣어주세요.

4. 토마토 가지 볶음
- 가지를 적당한 크기로 썰어 소금물에 담가주세요.
- 팬에 식용유를 두르고, 양파를 볶아주세요.

- 가지와 토마토를 넣어 볶고, 다진 마늘, 국간장으로 간을 맞춰주세요.

이 요리들 중 마음에 드는 것을 만들어 보세요. 색다른 맛을 경험해 볼 수 있습니다.

냉장고 안에 있는 재료들로 만들 수 있는 음식들을 잘 소개해 주고 있다. 이 재료들로 '찌개나 국'을 만들 수는 없을까?

필자 찌개나 국을 만들 수도 있어?

ChatGPT 네, 냉장고에 있는 재료들을 활용하여 찌개와 국을 만들 수 있습니다. 다음은 간단한 찌개와 국의 레시피입니다.

1. **쇠고기 된장찌개 재료: 쇠고기, 대파, 양파, 표고버섯, 숙주, 된장, 다진 마늘, 고춧가루, 식용유, 물**
   - 쇠고기를 적당한 크기로 썰어주세요.
   - 팬에 식용유를 두르고, 다진 마늘과 된장을 볶아주세요.
   - 볶은 된장에 물을 부어주세요.
   - 끓는 된장국물에 쇠고기, 표고버섯, 대파, 양파, 숙주를 넣고 끓여주세요.
   - 간을 맞추기 위해 고춧가루와 소금을 적당량 넣어주세요

2. **쇠고기 미역국 재료: 쇠고기, 대파, 양파, 미역, 다진 마늘, 국간장, 참기름, 물**
   - 쇠고기를 적당한 크기로 썰어주세요.
   - 미역은 물에 불려서 키친타월로 물기를 제거해 주세요.
   - 냄비에 식용유를 두르고, 다진 마늘을 볶아주세요.
   - 볶은 다진 마늘에 쇠고기를 넣고 볶아주세요.
   - 쇠고기가 익으면 미역, 대파, 양파를 넣고 물을 부어주세요.
   - 끓는물에 국간장, 참기름을 넣고 간을 맞춰주세요.

이 레시피를 따라 찌개와 국을 만들어 보세요. 건강하고 맛있는 한끼 식사를 즐길 수 있습니다.

역시 이번엔 찌개와 국을 만들어 줬다. 레시피뿐만 아니라 영양 성분도 물어보면, 친절하게 답변해 준다. 앞으론 냉장고에 있는 재료들을 ChatGPT를 활용하여 건강하고 다양한 요리로 만들 수 있을 것이다.

08 무의미한 긴 회의는 이제 안녕! 우리 팀 아이디어 뱅크는 ChatGPT

만약 자신이 광고 회사에 재직 중이라고 가정해 보자. 내일 바로 회의가 잡혔는데, 회의 주제가 "프라이드 치킨 광고 아이디어 브레인스토밍"이라고 해보자. 내일까지 10개의 아이디어를 제시하는 것이 과제인데, 지금 당장 떠오르는 아이디어가 없다. 이럴 때 좋은 아이디어를 내기 위한 방법은 없을까?

필자

우리 팀은 '프라이드 치킨' 광고를 만들려고 해. 창의적인 아이디어들을 세부적인 예시와 함께 제안해 줘.

ChatGPT

제가 제안한 창의적인 아이디어를 기반으로 한 광고의 세부적인 예는 다음과 같습니다.

과정을 보여주세요:
이 광고는 행복한 닭들이 돌아다니는 그림 같은 농장의 장면으로 시작합니다. 그런 다음 카메라는 닭을 신중하게 선택하는 과정을 보여주고, 이어서 닭을 씻고 양념하고 빵가루를 입히는 장면을 보여줍니다. 대형 주철 프라이팬에서 닭이 완벽하게 튀겨지고 홈메이드 비스킷과 코울슬로가 곁들여지는 모습을 보여줍니다.

광고는 가족 저녁 식탁에서 만족스럽게 식사를 즐기는 고객들의 미소와 웃음으로 마무리됩니다.

핑거 리킹 굿 챌린지:

이 광고는 프라이드 치킨을 먹은 후 손가락을 핥는 것을 참아야 하는 '핑거 리킹 굿 챌린지'에 참여하는 일련의 사람들을 보여줍니다. 다양한 연령대와 배경을 가진 사람들이 이 챌린지에 도전하는 모습을 보여주며, 시청자에게 직접 도전해 보라고 권유하는 보이스오버가 등장합니다. 광고는 테이블에 둘러앉은 친구들이 맛있는 프라이드 치킨을 맛있게 먹은 후 모두 즐겁게 손가락을 핥는 장면으로 마무리됩니다.

토핑으로 창의력을 발휘하세요:

이 광고는 클래식 프라이드 치킨 한 접시를 보여주는 장면으로 시작합니다. 갑자기 접시가 변하면서 달콤하고 매콤한 허니 글레이즈, 고소한 갈릭 파마산, 톡 쏘는 버팔로 소스 등 다양한 토핑이 치킨에 추가되는 것을 볼 수 있습니다. 이 광고는 시청자가 창의력을 발휘하여 원하는 토핑으로 프라이드 치킨을 커스터마이징할 수 있도록 독려합니다.

현지 재료에 집중합니다:

이 광고는 닭을 키우는 현지 농장의 장면으로 시작합니다. 자신의 일에 열정을 가진 현지 농부들이 닭에게 먹이를 주고 보살피는 모습을 보여줍니다. 그런 다음 현지 셰프가 인근 제분소의 밀가루와 현지 양봉가의 꿀 등 현지에서 조달한 재료를 사용하여 치킨을 조리하는 모습을 보여줍니다. 광고는 지역 기업 지원의 중요성을 강조하는 보이스오버와 함께 레스토랑에서 식사를 즐기는 행복한 고객의 모습을 보여주며 마무리됩니다.

아이디어가 부족하다면, 얼마든지 더 제안해 달라고 하면 된다. 만약 위에 제시된 아이디어 중에서 '핑거 리킹 굿 챌린지'가 마음에 들었다고 가정해 보자. 그럼 더 자세히 예시를 구체화해 달라고 할 수도 있다.

필자

'핑거 리킹 굿 챌린지'에 대한 아이디어를 매우 자세하게 구체화해 줘.

ChatGPT

'핑거 리킹 굿 챌린지' 광고 아이디어에 대한 자세한 설명은 다음과 같습니다.

이 광고는 프라이드 치킨을 한 입 베어 무는 장면과 손가락을 클로즈업하는 장면으로 시작됩니다. 치킨이 너무 맛있어서 손가락을 깨끗이 핥지 않을 수 없다고 설명하는 음성이 나옵니다.

다양한 연령과 배경을 가진 사람들이 참여하는 챌린지가 소개됩니다. 각 참가자에게 프라이드 치킨 한 조각을 주고 손가락을 핥는 것을 참으라고 합니다. 사람들이 자리에서 꿈틀거리며 포기하지 않으려고 최선을 다하는 등 과장되고 코믹한 반응이 이어집니다.

챌린지가 진행됨에 따라 점점 더 많은 사람들이 참여하여 가족, 친구, 직장 동료가 모두 참여하는 모습을 볼 수 있습니다. 이 챌린지는 사람들이 프라이드 치킨에 대한 사랑을 통해 웃음과 우정을 나누며 소통할 수 있는 재미있고 매력적인 방법이 됩니다.

광고 내내 맛있는 프라이드 치킨을 먹는 장면과 챌린지에 참여하는 사람들의 장면이 산재되어 있습니다. 바삭하고 노릇노릇한 튀김옷과 육즙이 풍부하고 부드러운 고기를 클로즈업하고, 지글지글 지글거리는 닭고기 소리가 배경에 깔립니다.

광고는 테이블에 둘러앉은 사람들이 프라이드 치킨을 맛있게 먹고 손가락을 핥으며 행복해하는 장면으로 마무리됩니다. 화면에 태그 라인이 나타납니다: "프라이드 치킨에 관한 한 저항은 무의미합니다." 이 광고는 재미있고 경쾌하며, 손가락으로 핥아 먹는 맛있는 치킨을 즐길 때의 기쁨과 즐거움을 강조합니다.

만약 더 생생한 묘사가 필요할 경우 요청하면, 더 생생한 예시로 바꿔준다. 이런 방식으로 만든 아이디어가 바로 광고에 사용되는 경우도 있지만, 보통은 이런 아이디어들이 촉진제가 되어 사용자에게 더 좋은 아이디어로 발전시킬 수 있는 기회를 제공하기도 한다. 팀에서 아이디어 뱅크로 불리는 사람들을 보면, 대부분 평소에 아이디어를 쉽게 많이 떠올린다. 좋은 아이디어들은 때로는 많은 아이디어들을 참고하여 발전시켜 탄생하기도 하기 때문이다. 앞으로 우리 팀의 아이디어 뱅크는 ChatGPT가 되지 않을까 예상한다.

09 Home과 House의 차이가 뭐야? 애매한 뉘앙스 차이까지 알려주는 ChatGPT

이미 '칸 아카데미(초·중·고교 수준의 수학, 화학, 물리학부터 컴퓨터 공학, 금융, 역사, 예술까지 4,000여 개의 동영상 강의를 제공하는 비영리 교육 서비스)'와 '스픽(AI 음성 인식 기반 영어 학습 애플리케이션)' 등의 교육 서비스들에서는 GPT 기술을 AI 튜터로 활용하고 있다고 한다. ChatGPT 를 활용해 보면, 어떻게 이것이 가능한지를 이해할 수 있다. 만약 자신이 영어를 공부하는 학생이라고 가정해 보자. 영어를 공부하다 보면, 단어의 미묘한 차이에 대해 궁금증이 생길 때가 있다. 만약 'Home'과 'House'의 차이가 궁금하다면, 다음과 같이 질문해 보자.

필자

'House'와 'Home' 단어의 차이에 대해 자세히 알려줘.

ChatGPT

'House'와 'Home'이라는 단어는 종종 같은 의미로 사용되지만, 실제로는 약간 다른 의미를 갖고 있습니다.
'House'는 일반적으로 벽돌, 목재 또는 기타 건축 자재로 만들어진 물리적 구조물을 말하며, 쉼터를 제공하고 거주 장소로 사용됩니다. 좀 더 기술적이고 객관적인 용어입니다.

반면에 'Home'은 좀 더 주관적이고 감정적인 용어입니다. Home은 사람이 사는 장소를 의미하지만, 소속감, 편안함, 친숙함을 전달하기도 합니다. Home은 사람들이 안전하고 안정감을 느끼며 편안하게 쉴 수 있는 곳입니다.

즉, House는 물리적인 건물이지만, Home은 사람들이 정서적인 애착과 소속감을 느끼는 장소입니다.

실제로 사람들이 사용하는 용법에 정확히 일치하게 잘 설명해 줬다. 다른 예시도 보자. 만약 영어에서 'continual'과 'continuous'의 차이에 대해 궁금하다고 가정해 보자. 이번엔 예시도 함께 등장시켜 보자.

필자

'continual'과 'continuous'의 차이에 대해 예시와 함께 자세히 설명해 줘.

ChatGPT

'지속적(continual)'과 '연속적(continuous)'이라는 단어는 종종 같은 의미로 사용되지만, 실제로는 약간 다른 의미를 갖고 있습니다.

'지속적'은 자주 발생하지만, 그 사이에 휴식 시간이 있는 것을 의미합니다. 이는 행동이나 이벤트가 일정 기간 동안 반복되거나 반복적으로 발생하지만, 그 사이에 중단이나 멈춤이 있다는 것을 의미합니다.

예를 들어, 누군가 "I've been making continual progress on my project.(프로젝트를 계속 진행하고 있습니다.)"라고 말하는 경우 이는 프로젝트를 정기적으로 진행하고 있지만, 중간에 중단이나 중단이 있었을 수 있다는 의미입니다.

반면에 '연속적'은 중단이나 휴식 없이 일어나는 일을 의미합니다. 이는 작업이나 이벤트가 멈추지 않고 진행 중이거나 일어나고 있음을 의미합니다.

예를 들어, 누군가가 "I've been making continuous progress on my project.(프로젝트를 연속적으로 진행하고 있습니다.)"라고 말하는 것은 중단이나 휴식 없이 프로젝트를 진행하고 있다는 의미입니다.

요약하자면, '지속적'은 중간에 휴식 시간을 두고 반복적으로 일어나는 일을 의미하고, '연속적'은 중단 없이 일어나는 일을 의미합니다. 이 두 단어의 차이점을 이해하면, 글쓰기와 커뮤니케이션에 올바르게 사용하는 데 도움이 될 수 있습니다.

동일한 문장에서 단어를 바꿔가며 미묘하게 나타나는 차이를 정확하게 설명하고 있다. 이런 방식으로 우리가 평소 헷갈리던 단어의 미묘한 차이에 대해 익힌다면, 외국어 정복도 시간 문제일 것이다.

10 인사 담당자를 울릴 공대 취준생의 자소서 작성하기

많은 사람들이 이력서를 쓰면서 창작의 고통(?)을 느껴본 적 있을 것이다. 특히 필자와 같은 공대생의 경우 글쓰기는 어려운 주제였다. 게다가 자기 자신에 대해 인사 담당자를 울릴 자소서를 작성하라는 것은 더더욱 곤욕이다. 이럴 때 ChatGPT가 자소서 작성에 큰 힘이 되어주는 지원군 역할을 할 수 있는 방법을 공개한다. 방법은 '기본적인 자소서 틀 작성'을 먼저 하고, '개인적인 스토리를 구체화하기'다. 그럼 먼저 '기본적인 자소서 틀'을 ChatGPT를 통해 만들어 보겠다.

필자

이력서 예시를 보여주세요. 저는 '최강대학교'를 졸업하고 '전자공학'을 전공했습니다. 학점은 3.75고 토익은 915점을 받았습니다. 1년간 교환학생으로 미국에 다녀온 경험이 있습니다. '세이프 온라인'이라는 사이버 보안 회사에서 인턴을 했고, 이곳에서 보안 기술에 대한 좋은 인사이트를 얻었습니다. '베스트 사이버 시큐리티' 기업에 입사하고 싶습니다.

ChatGPT

(이름)   (주소)

(전화번호)   (이메일)

(전화번호)

목표:
전자공학 및 사이버 보안에 대한 지식과 기술을 활용하여 조직의 성장에 기여할 수 있는 베스트 사이버 시큐리티에서 도전적인 역할을 확보하는 것입니다.

교육:
최강대학, 전자공학 이학사
평점: 3.75/4.0

경험:
세이프 온라인, 사이버 보안 인턴십, [년] 근무

네트워크 및 시스템 취약성 분석 지원 및 위험 완화를 위한 솔루션 제공
방화벽 및 침입 탐지 시스템과 같은 보안 기술에 대한 실무 경험 습득
정기적인 보안 평가 수행 및 경영진을 위한 보고서 작성
교환 프로그램, 미국, [연도]
교환학생으로 [대학명]에서 1년간 공부했습니다.
사이버 보안 및 컴퓨터과학 관련 과목 수강
문화 간 커뮤니케이션 및 팀워크 기술 개발

기술:
C++, Java, Python과 같은 프로그래밍 언어에 능숙함
하드웨어 설계 및 테스트에 대한 이해도 높음
뛰어난 분석 및 문제 해결 능력
독립적으로 팀 환경에서 일할 수 있음
토익 시험 915점

자격증:
공인 윤리적 해커(CEH)

참고 자료:
요청 시 제공 가능

ChatGPT가 기본적인 틀을 만들어 줬다. 재미있는 점은, 필자가 작성하지 않은 '프로그래밍 언어, 문제 해결 능력' 등의 요소들을 알아서 추가해 줬다는 것이다. 아무래도 필자가 작성한 백그라운드를 통해 추측한 것으로 보인다. 만약 이런 내용들이 자신의 이력이 아닌 경우에는 바르게 수정하여 자신의 이력을 사실 그대로 작성하는 것이 중요하다.

그럼 이제 기본적인 이력서 틀에 스토리를 추가해 보자. 먼저 스토리를 추가하기 위해 필요한 것은 바로 '사실'이다. 내가 무엇을 어떻게 했는지를 정확히 알아야 한다. 만약 내가 했던 일이 "'세이프 온라인' 회사에서 인턴으로 일할 때 새벽 3시에 우리 서버가 해커의 공격을 받고 있다는 사실을 알게 됐다. 서버 관리 책임자는 아니었지만, 최대한 빨리 상사에게 보고하고 공격을 방어하기 위해 노력했다."라는 하나의 일화라고 가정하자. 그럼 이를 ChatGPT를 통해 더 구체화하고, 이력서에 적합한 스타일로 변화시켜 보자.

필자

이 이력서에 내 책임감에 대한 다음의 이야기를 추가해 주세요.

'세이프 온라인' 회사에서 인턴으로 일할 때 새벽 3시에 우리 서버가 해커의 공격을 받고 있다는 사실을 알게 됐습니다. 서버 관리 책임자는 아니었지만, 최대한 빨리 상사에게 보고하고 공격을 방어하기 위해 노력했습니다.

ChatGPT

세이프 온라인에서 인턴십을 하는 동안 저는 네트워크 및 시스템 취약점을 분석하고 위험을 완화하기 위한 솔루션을 제공하는 업무를 담당했습니다. 어느 날, 서버를 모니터링하던 중 새벽 3시에 서버가 해커의 공격을 받고 있는 것을 발견했습니다. 서버 관리 담당이 아니었지만, 즉시 상사에게 공격 사실을 알리고 서버를 방어하기 시작했습니다.

공격이 심해지면서 해커가 시스템에 접근하여 피해를 입히지 못하도록 끊임없이 노력했습니다. 팀원들과 협력하여 IP 주소를 차단하고 방화벽을 강화하는 등 다양한 보안 조치를 시행했습니다. 늦은 시간임에도 불구하고 경각심을 갖고 집중하여 시스템을 안전하게 보호할 수 있었습니다.

저의 빠른 판단과 결단력 있는 행동 덕분에 심각한 보안 침해를 예방하고 공격의 영향을 최소화할 수 있었습니다. 이 경험을 통해 보안 위협에 맞서 경계를 늦추지 않고 능동적으로 대처하는 것이 중요하다는 것을 배웠습니다. 또한 문제 해결 능력과 팀워크 능력을 강화할 수 있었으며, 이는 이후 다른 직무를 수행할 때도 적용됐습니다. 전반적으로 이 경험을 통해 시스템과 데이터의 보안 유지에 대한 책임감과 헌신을 강조할 수 있었습니다.

단순한 두 줄을 더욱 구체화하여 빠른 판단, 결단력, 능동적 태도, 문제 해결 능력, 팀워크 능력, 책임감, 전문성 등을 하나의 구체적 일화로 바꿨다. 이렇게 자신의 일화들과 사실들을 ChatGPT를 활용하여 살을 붙이고 내용을 일관적으로 작성한다면, 인사 담당자가 객관적이고 명확하게 지원자의 자질을 파악할 수 있게 될 것이다.

11 내 아이가 지금 상대성 이론을 이해했다고?!

아이에게 복잡한 이론을 설명하는 것은 쉽지 않다. 왜냐하면 아이의 눈높이를 고려해야 하고, 자신이 쉬운 용어들이나 개념들로 복잡한 이론을 풀어낼 수 있어야 하며, 무엇보다 해당 이론을 명확하게 알고 있어야 하기 때문이다.

ChatGPT라면, 이런 것들이 문제가 되지 않는다. 우선 ChatGPT는 사용자의 수준을 직접 입력 문장으로 받아들일 수 있기 때문에 사용자의 눈높이를 파악할 수 있고, 사용자 눈높이에 맞춰 출력 텍스트의 스타일을 쉽게 변경할 수 있으며, 복잡한 이론들에 대해서도 방대한 데이터를 통해 정보를 갖고 있기 때문이다.

그럼 바로 예시로 들어가서 아이의 눈높이에서 '일반 상대성 이론'을 설명해 달라고 해보자. 그런데 너무 길면, 아이의 관심이 멀어질 수 있기 때문에 단 20줄로 설명해 달라고 제약 조건을 넣어보자.

필자   10세 아이에게 '일반 상대성 이론'을 20줄로 설명해 줘.

ChatGPT

일반 상대성 이론은 알베르트 아인슈타인이라는 유명한 물리학자가 개발한 과학적 아이디어입니다. 중력이 어떻게 작용하고 우주에서 물체가 어떻게 움직이는지 설명합니다.

중력은 지구가 우리를 지표면으로 끌어당기는 것처럼 물체를 서로 끌어당기는 힘입니다. 일반 상대성 이론에 따르면, 중력은 거대한 물체에 의한 공간과 시간의 뒤틀림으로 인해 발생한다고 합니다.

이 개념을 이해하기 위해 트램펄린 위에 무거운 공이 있다고 상상해 보세요. 이 공은 트램펄린을 구부리거나 휘어지게 할 것입니다. 마찬가지로 별이나 행성과 같은 거대한 물체는 주변의 공간과 시간을 휘게 합니다.

이 뒤틀림 효과로 인해 다른 물체가 그쪽으로 끌리게 됩니다. 또한 행성이 별 주위를 공전하는 이유와 은하가 서로 붙잡고 있는 이유도 설명합니다.

일반 상대성 이론은 우주가 대규모로 작동하는 방식을 이해하는 데 도움이 되기 때문에 중요합니다. 블랙홀의 존재와 우주의 팽창과 같은 많은 발견을 하는 데 사용됐습니다.

그러나 이 이론은 복잡한 수학 방정식을 포함하기 때문에 이해하기 어려울 수 있습니다. 과학자들조차도 일반 상대성 이론을 완전히 이해하기 위해 여전히 연구하고 노력하고 있습니다.

요약하자면, 일반 상대성 이론은 중력이 어떻게 작용하고 우주에서 물체가 어떻게 움직이는지 설명하는 데 도움이 되는 과학적 아이디어입니다. 물리학에서 중요하며 과학자들이 우리가 살고 있는 우주에 대해 많은 발견을 하는 데 도움이 됐습니다.

수식이나 복잡한 개념 하나 없이 시공간의 휘어짐을 '트램펄린 위의 무거운 공'에 비유하면서 직관적으로 이해할 수 있도록 설명했다. 만약 아이가 똑똑하여 앞의 예시보다 더 구체적으로 알고 싶어 한다면 어떻게 해야 할까? 이때는 좀 더 구체적으로 설명해 달라고 할 수 있다. 자주 활용되는 테크닉이 "~처럼 행동해 줘(Act as ~., Act like ~.)"다.

필자

물리학자처럼 행동해 줘. '일반 상대성 이론'의 구체적인 원리를 20줄로 설명해 줘.

ChatGPT

1915년에 알베르트 아인슈타인이 개발한 일반 상대성 이론은 중력의 기본 힘과 중력이 시공간에 미치는 영향을 이해하기 위한 틀을 제공하는 이론입니다. 주요 원리를 20줄로 간략하게 설명하겠습니다.

- 공간과 시간을 시공간이라는 4차원 연속체로 결합합니다.
- 중력을 질량 에너지 분포로 인한 시공간 곡률로 설명합니다.
- 자유 낙하하는 물체는 측지선이라고 하는 시공간 곡률을 따릅니다.
- 질량 에너지의 존재는 그 주위의 시공간을 휘어지게 합니다.
- 질량이 클수록 더 큰 곡률을 만들어 중력이 더 강해집니다.
- 시간 팽창은 더 강한 중력장에서 발생하며, 거대한 물체 근처에서는 시간이 더 느리게 흐릅니다.
- 등가 원리는 중력의 효과를 가속도의 효과와 동일시하는 원리입니다.
- 시공간에 파문을 일으키는 중력파는 빛의 속도로 전파됩니다.
- 블랙홀은 중력에 의해 붕괴하는 거대한 물체로 인해 극도의 시공간 곡률이 발생합니다.

- 사건의 지평선은 블랙홀을 벗어날 수 없는 경계선입니다.
- 중력 렌즈는 시공간 곡률로 인해 빛이 거대한 물체 주위에서 휘어질 때 발생합니다.
- 일반 상대성 이론은 에드윈 허블이 관측한 우주의 팽창을 예측합니다.
- 프리드만 방정식은 일반 상대성 이론에 따른 우주의 진화를 설명합니다.
- 아인슈타인이 도입한 우주 상수는 반발력 또는 암흑 에너지를 설명합니다.
- 일반 상대성 이론은 수성의 주변부 전행과 같은 관측된 현상과 일치합니다.
- GPS 시스템은 정확도를 유지하기 위해 일반 상대성 이론에 의해 예측된 시간 팽창을 설명합니다.
- 중력 적색편이는 중력장을 떠나는 빛이 에너지를 잃고 더 긴 파장으로 이동할 때 발생합니다.
- 샤피로 지연은 빛이 거대한 물체 근처를 이동하는 데 걸리는 시간 증가를 설명합니다.
- 일반 상대성 이론은 파운드-레브카 실험과 중력 탐사선 B 등 다양한 실험을 통해 확인됐습니다.
- 일반 상대성 이론은 매우 성공적이지만, 양자역학과 양립할 수 없어 양자 중력 이론을 찾는 동기가 됐습니다.

이 명제들 각각에 대해 더 깊게 탐구하고 싶다면, 해당 줄을 구체적으로 설명해 달라고 ChatGPT에 물어보면 된다. 만약 아이가 첫 번째 줄을 더 공부하기를 원한다면, 다음과 같이 질문하자.

필자

'공간과 시간을 시공간이라는 4차원 연속체로 결합합니다.'를 자세히 설명해 줘.

ChatGPT

일반 상대성 이론 이전에는 공간과 시간이 별개의 실체로 간주됐습니다. 공간은 길이, 너비, 높이의 3차원으로 설명됐고 시간은 균일하게 흐르는 독립적인 매개변수였습니다. 그러나 아인슈타인의 상대성 이론이 발전하면서 공간과 시간이 분리된 것이 아니라 서로 연결되어 있다는 것이 밝혀졌습니다.

시공간 개념은 공간과 시간을 하나의 4차원 연속체로 결합한 개념입니다. 이 프레임워크에서는 세 가지 공간 차원이 네 번째 차원인 시간으로 결합됩니다. 이런 통합된 설명은 특히 빠른 속도나 강한 중력장에서의 물체와 힘의 거동을 이해하는 데 매우 중요합니다.

시공간은 메트릭 텐서라는 4×4 행렬을 사용하여 수학적으로 표현됩니다. 메트릭 텐서는 시공간 기하학에 대한 정보를 인코딩하고 이벤트 간의 거리, 시간, 각도를 계산할 수 있게 해줍니다. 여기서 '이벤트'는 특정 시점의 공간 내 특정 위치를 의미합니다.

일반 상대성 이론에 따르면, 질량 에너지의 존재는 시공간을 휘어지게 하여 물체의 움직임과 시간의 흐름에 영향을 미칩니다. 이 곡률은 우리가 중력으로 관찰하는 현상의 원인이 됩니다. 따라서 시공간 개념은 중력과 중력이 물체의 운동, 빛의 작용, 우주의 구조에 미치는 영향을 이해하는 데 기본이 됩니다.

훨씬 자세히 설명됐다. 나머지 명제들 역시 하나씩 이해한다면, 똑똑한 아이들은 일반 상대성 이론에 대해 일반 서적에서 다루는 내용을 단순하게 읽는 것보다 더 구체적이고 능동적으로 학습할 수 있게 될 것이다.

이번엔 물리학 외의 다른 분야에 대해 질문해 보자. '인공지능'은 어떨까? 아이도 쉽게 이해할 수 있도록 '인공지능'을 설명해 보자.

필자

인공지능에 대해 10세 아이도 이해할 수 있게 쉽게 20줄로 설명해 줘.

ChatGPT

인공지능(AI)은 인간처럼 스스로 학습하고 의사 결정을 내릴 수 있는 컴퓨터 프로그램입니다. 사람의 말과 언어를 이해하고 이에 반응하며, 이미지를 인식하고, 심지어 게임을 할 수도 있습니다. AI는 알고리즘과 데이터를 사용하여 시간이 지남에 따라 학습하고 성능을 향상시킵니다. 날씨 패턴 예측, 질병 진단, 리소스 사용 방법에 대한 의사 결정 등 복잡한 문제를 해결하는 데 AI를 활용할 수 있습니다. AI는 데이터 정렬 및 분류와 같은 반복적인 작업을 자동화하는 데도 사용할 수 있습니다. 일부 AI 시스템은 인간의 사고 과정을 모방하도록 설계된 반면, 다른 시스템은 특정 작업을 인간보다 더 효율적으로 수행하도록 만들어졌습니다.

AI는 우리의 삶을 더 편리하게 만들어 줄 잠재력을 갖고 있지만, 동시에 중요한 윤리적, 사회적 문제를 제기하기도 합니다. 우리는 AI가 책임감 있게 설계되고 사용되도록 해야 하며, 사람들에게 해를 끼치거나 특정 집단을 차별하지 않도록 해야 합니다. AI가 계속 발전함에 따라 AI는 우리 삶과 사회 전반에서 점점 더 중요한 부분이 될 것입니다. 하지만 AI의 한계와 잠재적인 단점도 염두에 두고 모든 사람에게 도움이 되는 방식으로 AI를 사용해야 합니다.

엄밀히 말하면, 추가적인 데이터셋을 제공해도 성능이 향상되지 않는 '규칙 기반 시스템'의 경우도 인공지능에 속한다는 점에서 사실과 조금 차이가 있는 설명이기는 하지만(AI는 머신러닝과 딥러닝을 포함하는 큰 개념), 큰 틀을 이해하는 데는 크게 문제가 없는 직관적 설명이다. 10세 아이에게 기본적인 개념을 알려주기에 매우 적합한 설명임을 알 수 있다.

여기에 꼬리에 꼬리를 무는 세부적인 질문을 곁들이면, 아이가 충분히 이해할 수 있는 만족스러운 설명으로 복잡한 개념들을 쉽게 가르쳐 줄 수 있다.

12 부장님께 보내는 이메일 고민 없이 작성하기

직장인들은 상급자에게 이메일을 쓸 때의 부담감을 한 번쯤은 느껴봤을 것이다. 만약 이런 부담스러운 이메일을 쓸 때 ChatGPT를 통해 문장을 깔끔하고 예의 바르게 다듬을 수 있다면 어떨까?

필자

박열성 부장님께 다음 내용으로 이메일을 작성하려고 해.

A. 새롭게 개발하고 있는 코드 담당자들이 다른 프로젝트들에 투입됐다.
B. 그래서 새롭게 개발하고 있는 코드의 개발 일정이 한 달간 늦춰질 것 같다.
C. 신규 개발 인력을 추가 투입하거나 일정을 늦춰야 하는데, 결정해 달라.

내용이 명확하게 드러나면서 예의 바르게 이메일을 작성해 줘.

ChatGPT

친애하는 박열성 부장님께

이 메일이 잘 전달되길 바랍니다. 새로운 코드 프로젝트의 개발 상황을 알려드리고자 합니다. 안타깝게도 코드 작업 인력이 다른 프로젝트로 재배치되어 개발 일정이 한 달 정도 지연될 예정입니다.

이 지연을 극복하는 데는 두 가지 옵션이 있습니다. 개발자를 추가로 고용하여 프로젝트를 제시간에 완료하거나 일정을 뒤로 미루는 것입니다. 저희는 이 프로젝트의 중요성을 잘 알고 있으며, 이 결정은 부장님의 결정에 맡기겠습니다.

진행 방법을 알려주시면, 프로젝트가 성공적으로 완료될 수 있도록 최선을 다하겠습니다.

시간 내어 읽어 주시고, 배려해 주셔서 감사드립니다.

감사합니다.

사실 상급자에게 쓰는 메일 치고는 조금 공격적인 어조기는 하다. 하지만 이런 어조들이 묻어나는 부분만 조금 수정하면, 분명 충분히 활용 가치가 있는 내용이다. 특히 팩트들만 나열하여 부드러우면서도 내용이 일관적으로 연결되는 이메일을 작성해 준다는 점에서 매우 유용하다.

만약 기존에 작성한 메일이 있는데, 이를 좀 더 다듬어서 깔끔한 메일로 다시 쓸 수도 있을까?

필자

다음 이메일을 공손하고 명확하게 바꿔줘.

박열성 부장님 안녕하세요. 지난번에 말씀드렸던 일정을 지키려고 했는데요. 저희 쪽의 개발자들이 다른 급한 프로젝트들이 있다고 말해서요. 다른 급한 프로젝트들도 우리 회사에 중요하거든요. 그런 중요한 프로젝트들을 안할 수는 없잖아요? 그래서 그 사람들을 그 프로젝트에 넣었거든요. 그러다 보니 지금 일정이 늦어지게 됐어요. 어떡하죠? 이번 프로젝트를 지연시키든가, 아니면 개발자가 더 필요하거든요. 어떻게 좀 안 될까요 부장님? 부탁드립니다!!

ChatGPT

친애하는 박열성 부장님께

이 메일이 잘 전달되길 바랍니다. 지난번 미팅에서 논의했던 프로젝트의 개발 일정에 대한 업데이트를 알려드리고자 합니다. 안타깝게도 저희 개발자들이 회사의 성공에 중요한 다른 긴급한 프로젝트에 배정됐다고 알려왔습니다. 그 결과, 원래 프로젝트 일정에 차질을 빚고 있습니다.

이 문제를 해결하는 데는 두 가지 옵션이 있습니다. 프로젝트를 지연시키거나 추가 개발자를 고용하여 작업량을 지원할 수 있습니다. 마감일을 지키고 프로젝트를 효율적으로 완료하는 것이 중요하다는 것을 잘 알고 있으며, 진행 방법에 대한 의견을 주시면 대단히 감사하겠습니다.

시간과 배려에 감사드립니다.

역시 어설픈 이메일을 쓸 만한 이메일로 바꾸는 것도 가능하다. 이 경우에는 큰 뼈대는 원래의 이메일 내용을 그대로 따르면서도 서술 스타일만 바꿀 수 있기 때문에 유용하다. 이 이메일 내용을 후배 개발자들과 공유하고자 한다면, 다음과 같이 간단하게 스타일을 바꾸면 된다.

필자

이 메일을 후배 개발자들과 공유할 수 있도록 내용을 간결하고 명확하게 바꿔줘.

팀 여러분

저희가 진행 중인 프로젝트의 개발 현황에 대해 알려드리고자 합니다. 안타깝게도 예기치 못한 상황으로 인해 당초 프로젝트 일정에 차질이 생기고 있습니다. 저희 개발자들은 회사의 성공에 똑같이 중요한 다른 긴급한 프로젝트에 배정됐습니다.

이 문제를 해결하는 데는 두 가지 옵션이 있습니다. 프로젝트를 지연시키거나 추가 개발자를 고용하여 작업량을 지원할 수 있습니다. 마감일을 지키고 프로젝트를 효율적으로 완료하는 것이 중요하다는 것을 잘 알고 있으며, 어떻게 진행할 수 있는지에 대한 의견을 주시면 대단히 감사하겠습니다.

이 장애물을 극복하고 프로젝트를 성공적으로 완료할 수 있다고 확신합니다. 궁금한 점이나 우려되는 점이 있을 경우 언제든지 말씀해 주시면 기꺼이 논의해 보겠습니다.

이 프로젝트에 대한 여러분의 노고와 헌신에 감사드립니다.

물론, 화자에 따라 내용이 일부 수정될 필요는 있겠지만, 이메일 자체는 매우 깔끔하고 자연스럽다(참고로 요즘 기업 문화에서는 후배 개발자라고 하대하지 않고 위와 같이 이메일을 쓰는 것이 일반적이다). 다만 보안 유출을 고려하여 회사 기밀 자료 등은 ChatGPT에 무분별하게 입력해서는 안 된다. 보안에 유의하여 현명하게 ChatGPT를 활용한다면 사람은 더 중요한 일에 집중하고, 반복적인 업무는 ChatGPT에게 맡기는 일잘러가 될 수 있다.

---

13 내 강의는 ChatGPT가 책임진다! 강의 계획서 작성하기

이번엔 강의 계획서를 A부터 Z까지 직접 기획하고, 구체화하는 것까지 해볼 것이다. 만약 자신이 계획하는 강의 주제가 "트렌드에 맞는 글쓰기"라고 해보자. 먼저 ChatGPT를 활용하여 어떤 종류의 콘텐츠를 담을 수 있을지 주제를 뽑는다.

필자

"트렌드에 맞는 글쓰기"에 대해 강의를 하려고 해. 사람들이 관심 가질 만한 중요한 주제들을 3개 뽑아줘.

ChatGPT

"트렌드에 맞는 글쓰기"에 대해 논의할 때 사람들이 관심을 가질 만한 가장 중요한 세 가지 주제를 소개합니다.

- **현재 트렌드와 그것이 글쓰기에 미치는 영향에 대한 이해:** 이 주제는 작가가 독자에게 인기 있고 관련성이 높은 것이 무엇인지에 대한 인사이트를 얻는 데 도움이 되므로 반드시 다뤄야 할 주제입니다. 또한 작가가 자신의 분야에서 관련성과 경쟁력을 유지하는 데 도움이 될 수 있습니다.
- **트렌디함과 독창성의 균형 맞추기:** 이는 독특하고 독창적인 목소리를 유지하면서 최신 트렌드를 글에 반영해야 하는 과제를 다루기 때문에 매우 중요한 주제입니다. 이는 눈에 띄고 싶으면서도 진부하거나 진부하게 보이지 않으려는 작가에게 중요합니다.
- **문화적 트렌드와 감수성 탐색하기:** 이 주제는 글을 쓸 때 문화적 트렌드와 감수성을 염두에 두는 것이 중요하다는 점을 강조하는 중요한 주제입니다. 이를 통해 작가는 해로운 고정관념이나 편견을 고착화하는 것을 피하고 더 많은 독자에게 어필할 수 있습니다.

만약 이 주제들이 마음에 들지 않는다면, 추가로 더 주제를 뽑아 달라고 하여 고르면 된다. 우리는 이 세 가지 주제로 강의 계획서를 짜보도록 하자.

필자

위 세 가지 주제로 강의 계획서를 만들어 줘.

ChatGPT

"트렌드에 맞는 글쓰기"와 관련된 세 가지 주제에 대한 강의 시리즈의 강의 계획서는 다음과 같습니다.

[강의 제목: 트렌드에 맞는 글쓰기 - 관련성과 독창성의 균형 맞추기]

강의 개요:

이 강의 시리즈에서는 작가가 독특하고 진정성 있는 목소리를 유지하면서 현재의 트렌드를 탐색할 수 있는 방법을 살펴봅니다. 트렌드를 파악하고, 이를 글쓰기에 반영하며, 진부하거나 파생적인 표현을 피하기 위한 전략에 대해 논의할 것입니다. 또한 문화적 트렌드와 감수성을 염두에 두는 방법과 개인 브랜드 구축의 중요성에 대해서도 살펴볼 것입니다.

세션 1: 최신 트렌드와 글쓰기에 미치는 영향에 대한 이해
- 트렌드의 정의와 글쓰기에서의 역할
- 글쓰기의 현재 트렌드 탐색
- 트렌드가 글쓰기 과정과 독자의 수용에 어떤 영향을 미칠 수 있는지에 대한 토론

세션 2: 트렌드 파악하기
- 트렌드를 최신 상태로 유지하기 위한 전략(예: 폭넓은 독서, 컨퍼런스 참석, 업계 뉴스 팔로우)
- 작가가 트렌드를 파악하는 데 도움이 되는 도구 및 리소스
- 빠르게 변화하는 오늘날의 글쓰기 환경에서 트렌드를 파악하는 것의 중요성

세션 3: 트렌디함과 독창성의 균형 맞추기
- 고유한 목소리를 유지하고 진부한 표현을 피하면서 최신 트렌드를 글쓰기에 통합하는 방법에 대해 논의
- 작가가 자신의 고유한 스타일과 목소리를 식별하는 데 도움이 되는 연습 문제
- 트렌드를 따르는 것과 자신만의 독창성을 유지하는 것 사이에서 적절한 균형을 잡기 위한 팁

세션 4: 문화적 트렌드와 감수성 탐색하기
- 글쓰기에서 문화적 인식의 중요성

- 작품을 만들 때 문화적 트렌드와 감수성을 염두에 두는 전략
- 문화적 트렌드와 감수성을 잘 탐색하는 글과 그렇지 않은 글의 예

세션 5: 특정 타깃 독자를 위한 글쓰기
- 특정 타깃 독자를 파악하고 그들을 위한 글을 쓰는 것의 중요성
- 대상 고객을 조사하고 이해하기 위한 팁
- 타깃 고객에게 어필할 수 있는 언어와 어조 선택하기

세션 6: 시각적 요소와 멀티미디어 요소 통합하기
- 글에 시각적 요소와 멀티미디어 요소를 통합하는 것의 중요성
- 글쓰기에서 효과적인 멀티미디어 사용의 예
- 글의 내용을 손상시키지 않으면서 멀티미디어 요소를 통합하기 위한 팁

세션 7: 다양성과 포용성 포용하기
- 글쓰기에서 다양성과 포용성의 중요성
- 작업에 다양성과 포용성을 통합하기 위한 전략
- 다양성과 포용성을 포용하는 글쓰기 예

세션 8: 개인 브랜드 만들기
- 개인 브랜드 구축 및 유지의 중요성
- 나만의 목소리와 스타일을 반영하는 개인 브랜드를 구축하기 위한 팁
- 개인 브랜드를 성공적으로 구축한 작가들의 사례

평가:

참가자는 수업 토론 및 활동에 대한 참여도를 기준으로 평가됩니다. 최종 글쓰기 과제가 주어지며, 참가자는 이 과정에서 배운 내용을 적용하여 독창성을 유지하면서 최신 트렌드를 반영한 작품을 작성해야 합니다.

　　세 가지 주제들을 담을 수 있는 내용으로 총 8가지 세션이 구성되어 있는 강의 계획서가 탄생했다. 강의 제목 및 주제도 명확하고, 평가 방법에 대한 기준도 잘 나와 있다. 만약 일부 세션을 제거하고자 한다면, ChatGPT에 특정 세션들을 제거하여 새로 구성해 달라고 요

청하면 된다. 전체적인 흐름이 유지되면서도 필요한 세션만 들어 있는 새로운 강의 계획서가 탄생할 것이다.

14 머리 아픈 시간표 짜기는 ChatGPT에게!

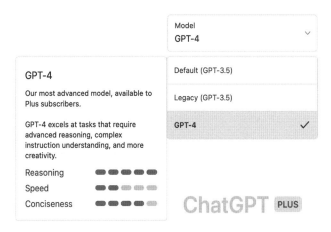

[그림 4-2] 최근 등장한 신규 GPT-4 모델

ChatGPT에는 여러 모델들이 존재한다. 이들 중 먼저 최근에 등장한 GPT-4 모델([그림 4-2] 참고)의 성능을 보면서 시간표를 작성할 때 어떻게 ChatGPT를 활용할 수 있을지 생각해 보자. 새로운 GPT-4는 복잡한 추론 능력이 강화되어 여러 스케줄을 복합적으로 고려하여 빈 시간을 찾을 수도 있다.

[표4-1] 기존 GPT-3.5와 신규 GPT-4의 추론 능력 차이

GPT-3.5	GPT-4
[입력 문장] 앤드류는 오전 11시부터 오후 3시까지, 조앤은 정오부터 오후 2시까지, 오후 3시 30분부터 오후 5시까지 참석 가능합니다. 한나는 정오부터 30분간 그리고 오후 4시부터 오후 6시까지 참석 가능합니다. 앤드류, 한나, 조앤의 30분 미팅 시작 시간에는 어떤 옵션이 있나요?	**[입력 문장]** 앤드류는 오전 11시부터 오후 3시까지, 조앤은 정오부터 오후 2시까지, 오후 3시 30분부터 오후 5시까지 참석 가능합니다. 한나는 정오부터 30분간 그리고 오후 4시부터 오후 6시까지 참석 가능합니다. 앤드류, 한나, 조앤의 30분 미팅 시작 시간에는 어떤 옵션이 있나요?
[출력 문장] 다음은 이용 가능 시간 목록입니다. • **앤드류**: 오전 11시부터 오후 3시까지 • **조앤**: 정오부터 오후 2시까지, 오후 3시 30분부터 오후 5시까지 • **한나**: 정오부터 오후 12시 30분, 오후 4시부터 오후 6시까지 이용 가능 여부에 따라 세 사람 모두 참석 가능한 시간은 오후 4시부터 오후 4시 30분까지 30분간입니다. 따라서 오후 4시에 미팅을 예약할 수 있습니다.	**[출력 문장]** • **앤드류**: 오전 11시 - 오후 3시 • **조앤**: 오후 12시 - 오후 2시, 오후 3시 30분 - 오후 5시 • **한나**: 오후 12시 - 오후 12시 30분, 오후 4시 - 오후 6시 30분 회의에 공통적으로 참석 가능합니다: 오후 12시 - 오후 12시 30분

이제 이 능력을 활용하여 5명의 학생 (또는 직원)들의 시간표를 짜볼 것이다. 만약 5명을 각각 A, B, C, D, E라 하고, 1시간짜리 수업 (또는 미팅)에 참석 가능한 시간이 [표 4-2]와 같다고 하자.

[표4-2] 학생(직원)들의 가능한 시간들

	월	화	수	목	금
A	17:00 - 19:30	예약 불가	14:30 - 16:00	20:00 - 21:30	16:00 - 18:00
B	18:00 - 20:00	18:00 - 21:00	예약 불가	예약 불가	예약 불가

C	15:30 - 17:00	20:30 - 22:30	15:30 - 19:00	15:30 - 17:00	예약 불가
D	21:00 - 22:30	예약 불가	16:00 - 18:00	16:00 - 19:00	16:30 - 22:00
E	20:30 - 22:00	20:00 - 23:00	20:00 - 22:00	예약 불가	예약 불가

모두 일주일에 2회 수업 (또는 미팅)에 참석해야 한다고 가정하자. 이런 복잡한 문제를 경우의 수를 따져가며 풀어야 한다면, 매우 골치 아플 것이다.

필자

다음 조건에 맞는 일정을 만들어 줘.
1. 5명(A, B, C, D, E)이 존재해.
2. A의 자유 시간: 17:00-19:30, 예약 불가, 14:30-16:00, 20:00-21:30, 월~금 16:00-18:00 각각
3. B의 자유 시간: 18:00-20:00, 18:00-21:00, 예약 불가, 예약 불가, 월~금까지 예약 불가
4. C의 자유 시간: 15:30-17:00, 20:30-22:30, 15:30-19:00, 15:30-17:00, 월~금까지 각각 예약 불가
5. D의 자유 시간: 21:00-22:30, 예약 불가, 16:00-18:00, 16:00-19:00, 16:30-22:00, 월~금까지 각각 예약 불가
6. E의 자유 시간: 20:30-22:00, 20:00-23:00, 20:00-22:00, 예약 불가, 월~금까지 예약 불가
7. 모든 사람은 일주일에 두 번 참여해야 해.
8. 각 수업은 1시간 소요돼.
9. 총 수업의 수를 최소로 만들어 줘.

ChatGPT

자유 시간을 고려할 때 모든 사람이 일주일에 두 번 1시간 수업에 참여할 수 있는 일정을 만들 수 있습니다. 다음은 가능한 일정입니다.

월요일
- 클래스 1: 18:00 - 19:00(A, B)

화요일

- 클래스 2: 20:30 - 21:30(C, E)

수요일

- 클래스 3: 15:30 - 16:30(A, C)
- 클래스 4: 16:30 - 17:30(D)

목요일

- 클래스 5: 20:00 - 21:00(A, E)

금요일

- 클래스 6: 16:30 - 17:30(B, D)

이 일정에는 총 6개의 수업이 있습니다. 한 사람당 일주일에 두 개의 수업에 참석하며, 수업 시간은 자유 시간대에 맞춰 진행됩니다. 수업 횟수는 최소화됐습니다.

실제 학생 (또는 직원)들의 수가 많아지게 되면, 직접 계산하여 최적의 스케줄을 찾는 것은 더욱 어려워질 것이다. 이때 ChatGPT를 사용하면, 복잡한 스케줄을 최적화하는 데 큰 도움이 될 것이다.

15 나도 이젠 영화 감독이다!

이번엔 영화를 제작하기 위해 스토리를 만들어 보자. 이는 드라마, 소설, 만화 등 다양한 창작물로도 응용할 수 있다.

필자 주인공들이 파리에서 만나 서로를 구하고 결국 결혼하는 로맨틱한 영화 이야기를 세밀하게 만들어 줘.

[제목: 파리의 심장]

ChatGPT

시놉시스

「더 하트 오브 파리(파리의 심장)」는 아름다운 도시 파리에서 우연히 만난 낯선 두 사람 이사벨과 줄리앙의 여정을 따라가는 로맨틱 드라마입니다. 각자의 어려움에서 서로를 구하고 서로의 곁에서 위안을 찾으며 결국 사랑을 찾고 결혼에 골인합니다.

자세한 스토리

1막:

젊고 야심찬 미국 작가 이사벨은 소설가의 꿈을 쫓아 파리로 이주합니다. 그녀는 몽마르트의 매력적인 아파트를 빌려 도시와 그림 같은 거리를 탐험하며 하루하루를 보냅니다.

재능 있는 프랑스 화가 줄리앙은 가슴 아픈 이별을 겪은 후 영감을 찾기 위해 고군분투하고 있습니다. 그는 파리 중심부에 위치한 자신의 화실에서만 위안을 얻으며 은둔자가 됐습니다.

어느 운명적인 날, 도시의 아름다움에 빠져 있던 이사벨은 자신도 모르게 위험한 동네를 헤매게 됩니다. 한 무리의 남자들이 그녀를 괴롭히고 상황이 악화되기 시작할 무렵, 줄리앙이 개입합니다. 그는 위태로운 상황에서 이사벨을 구출하고 안전한 곳으로 데려다 줍니다.

2막:

구조 후 이사벨과 줄리앙은 깊은 유대감을 형성합니다. 함께 파리를 탐험하고 예술에 대한 사랑을 나누며 더 많은 시간을 함께 보내면서 둘은 사랑에 빠지기 시작합니다. 이사벨은 줄리앙이 그림에 대한 열정을 재발견하도록 돕고, 줄리앙은 이사벨에게 서로의 경험에 대해 글을 쓰도록 영감을 줍니다.

둘의 관계가 깊어지면서 줄리앙은 이사벨이 생명을 위협하는 질병을 잃고 있다는 사실을 알게 됩니다. 그녀를 돕기로 결심한 그는 조사를 시작하고 전문가에게 연락하여 그녀가 필요한 치료를 받을 수 있도록 돕습니다. 동시에 이사벨은 줄리앙의 전 여자 친구인 카밀이 악의를 품고 그의 예술 경력을 방해하려 한다는 사실을 알게 됩니다.

3막:

이사벨은 카밀과 대면하여 줄리앙에 대한 복수를 끝내도록 설득합니다. 그 결과, 줄리앙의 작품은 마침내 인정을 받게 되고, 파리의 유명 갤러리에서 중요한 전시회를 열게 됩니다.

한편, 줄리앙은 이사벨이 생명을 구할 수 있는 수술에 동의하는 저명한 전문의를 찾도록 도와줍니다. 수술은 성공하고 이사벨은 회복 과정을 시작합니다. 이사벨이 기력을 되찾는 동안 줄리앙은 곁에서 든든한 버팀목이 되어 줍니다. 마침내 줄리앙은 에펠탑의 반짝이는 불빛 아래서 이사벨에게 청혼합니다. 사랑에 압도된 이사벨은 청혼을 수락합니다. 두 사람은 친구와 가족의 축복 아래 파리의 고풍스럽고 유서 깊은 교회에서 결혼식을 올립니다. 영화는 신혼부부가 손을 잡고 걸어가는 그림 같은 장면과 함께 두 사람을 만나게 해준 매혹적인 파리 거리로 그들이 사라지는 장면으로 마무리됩니다.

「더 하트 오브 파리」는 사랑과 예술의 힘 그리고 파리의 마법을 기념하는 감동적인 러브 스토리입니다. 파리의 아름다움과 등장 인물들의 마음을 담아낸 이 영화는 시청자들에게 희망과 사랑 그리고 진정한 사랑이 우리를 치유하고 구원할 수 있다는 믿음을 선사합니다.

필자는 영화 스토리 작성에 있어서는 비전문가다. 따라서 위의 스토리가 어떤지 평가하기는 쉽지 않지만, 필자가 보기에 스토리 라인이 그럴듯해 보인다. 만약 위의 스토리로 영화를 제작한다면, 1~3막을 생생하게 자세히 묘사해 달라고 하면 된다. 만약 위의 내용에서 마음에 들지 않는 부분이 있다면, 해당 부분만 수정할 수도 있다.

필자
3막에서 마지막에 더 좋은 클라이맥스를 위해 반전을 추가할 수 있을까?

ChatGPT

3막(개정):
줄리앙의 미술 전시회가 막 열리려는 찰나, 전기 고장으로 갤러리에 화재가 발생합니다. 줄리앙의 작품이 전소되고 그는 큰 충격을 받습니다. 이 예상치 못한 사건은 그의 성공과 행복을 위협합니다.

이사벨이 수술을 받고 회복되는 동안 줄리앙은 작품의 손실에 대한 상실감에 사로잡혀 이사벨로부터 점점 멀어져 갑니다. 자신의 고난의 무게를 느낀 이사벨은 둘의 관계를 의심하기 시작하고 줄리앙이 자신을 떠날까 봐 두려워합니다.

한편, 카밀은 자신의 과거 행동을 후회하며 화재가 줄리앙에게 미친 영향에 대해 알게 됩니다. 화재로 인한 고통을 확인한 카밀은 보상하기로 결심합니다. 카밀은 미술계에서 영향력 있는 친구들에게 연락하여 줄리앙을 위한 새로운 전시회를 준비합니다. 또한 줄리앙도 모르게 보관되어 있던 줄리앙의 초기 작품 몇 점을 몰래 구입합니다.

새 전시회가 열리기 전날 밤, 카밀은 병원에 입원 중인 이사벨을 찾아가 자신의 과거 행동과 줄리앙을 위해 일을 바로잡으려는 계획을 고백합니다. 그리고 이사벨에게 두 사람의 사랑을 포기하지 말라고 당부합니다.

카밀의 마음 변화에 감동을 받은 이사벨은 힘을 내어 줄리앙의 새 전시회에 참석하기 위해 병원을 떠납니다. 전시장에 들어선 줄리앙은 자신의 이전 작품과 그 곁에 있는 이사벨을 보고 감격에 휩싸입니다. 서로에 대한 사랑이 그 어느 때보다 강렬하게 다시 불타오릅니다.

새 전시회의 성공으로 줄리앙의 예술 경력은 새로운 경지에 도달합니다. 두 번째 기회에 감사하며 그는 에펠탑의 반짝이는 불빛 아래서 이사벨에게 프로포즈를 하기로 결심합니다. 사랑에 압도된 이사벨은 청혼을 수락합니다.

두 사람의 친구와 가족은 파리의 고풍스럽고 유서 깊은 교회에서 올리는 결혼식에 참석하기 위해 모입니다. 영화는 신혼부부가 손을 맞잡고 걸어가는 그림 같은 장면과 함께 두 사람을 만나게 해준 매혹적인 파리 거리로 그들이 사라지는 장면으로 마무리됩니다.

개정된 3막은 줄거리에 반전을 더하여 클라이맥스를 강화하고 사랑, 구원, 두 번째 기회의 힘을 강조합니다. 인간 정신의 회복력과 역경에 맞서 변화하고 성장할 수 있는 인간의 능력을 강조합니다.

요청한 대로 반전이 추가됐고, 이전 내용들과 부드럽게 연결되는 것을 볼 수 있다. 또한 이야기의 결말도 기존처럼 단조롭지 않고, 클라이맥스도 더 강렬하며, 전달하는 메시지도 뚜렷해졌다.

앞으로 다양한 창작물이 나오겠지만, ChatGPT를 활용한 창작물들도 나올지 모른다. 어차피 이런 새로운 창작 방식이 피할 수 없는 흐름이라면, 이를 거부하기보다는 자신의 창의성에 ChatGPT의 보조적인 능력을 함께 활용하여 창작 수준을 한 단계 도약시키는 기회로 삼는 것은 어떨까?

16 나도 음악 저작권자가 될 수 있어!

ChatGPT는 작곡에 활용할 수도 있다. 실제로 ChatGPT에서 사용하는 것과 유사한 자연어 처리 및 머신러닝 기술을 사용하는 AI 기반 작곡 도구의 예가 이미 존재한다.

그 예로 AI를 사용하여 사용자의 취향과 사양에 따라 맞춤형 음악 트랙을 생성하는 플랫폼인 Amper Music이 있다. 사용자가 원하는 음악의 분위기, 템포, 스타일에 대한 정보를 입력하면, Amper Music이 AI 알고리즘을 사용하여 사용자의 취향에 맞는 고유한 음악을 생성한다.

또 다른 예로는 자연어 처리와 딥러닝 기술을 사용하여 독창적인 음악을 생성하는 AI 기반 작곡가인 AIVA가 있다. AIVA는 다양한 음악 스타일과 장르에 대해 학습할 수 있으며, 특정 분위기나 악기 등 특정 기준에 맞는 작곡을 할 수 있다.

ChatGPT를 어떻게 작곡에 사용할 수 있는지 이해하기 위해서는 음악이 본질적으로 언어라는 점을 이해하는 것이 중요하다. 음악에는 고유한 문법, 구문, 어휘가 있으므로 자연어 처리에 사용되는 것과 동일한 많은 기술을 사용하여 분석하고 생성할 수 있다.

예를 들어, ChatGPT와 같은 언어 모델이 사용자의 입력에 따라 일관된 문장을 생성할 수 있는 것처럼 사용자의 입력에 따라 일관된 음악 구절이나 모티프를 생성할 수도 있다. 이는 기존 음악의 대규모 말뭉치로 모델을 학습시켜 음악의 패턴과 구조를 인식하는 방법을 학습시키고, 그 지식을 사용하여 새로운 작곡을 하는 것이다.

이미 이런 종류의 기술을 사용하는 AI 생성 음악의 예가 있다. 예를 들어, 소니 CSL 연구소의 연구원들은 딥러닝 알고리즘을 사용하여 기존 음악을 분석하고 새로운 작곡을 하는 FlowMachines라는 AI 시스템을 개발했다. 이 시스템은 팝과 록부터 재즈와 블루스에 이르기까지 다양한 스타일의 오리지널 곡을 만드는 데 사용됐다.

이와 유사하게 조지아 공대의 연구 팀은 머신러닝 알고리즘을 사용하여 실시간으로 오리지널 음악을 생성하는 Shimon(시몬)이라는 시스템을 개발했다. Shimon(시몬)은 실시간으로 즉흥 연주를 하고 다른 뮤지션들의 연주에 반응할 수 있는 AI 기반 로봇 뮤지션으로 기존 음악의 방대한 데이터셋을 학습한 딥러닝 모델을 기반으로 작곡을 한다.

자연어 처리와 머신러닝을 사용하여 음악을 만들 수 있는 잠재력은 흥미로운 연구 분야며, 향후 ChatGPT나 유사한 모델을 사용하여 작곡을 위한 새로운 도구와 애플리케이션을 만들 수 있을 것이나.

다음은 필자가 ChatGPT에 작곡을 시킨 대화다.

필자

곡 좀 써줄래?

ChatGPT

물론이죠! 어떤 분위기의 곡을 원하시나요?

필자

Jazz 스타일의 봄바람과 같은 느낌으로 가사와 코드를 함께 써줘.

ChatGPT

좋습니다! 제가 작사와 작곡을 모두 맡아서 준비해 보겠습니다.

Title: Spring Breeze

Verse 1:

As the sun sets in the west

And the stars light up the sky

A gentle breeze blows through the trees

And the world begins to sigh

Chorus:

Spring breeze, carry me away

On your wings I'll soar and play

With your warmth and your gentle touch

You make me feel so much

Verse 2:

In the morning light, the world awakes

And the flowers bloom in grace

Birds sing sweetly, the air is clean

And I feel at peace within

Chorus:

Spring breeze, carry me away

On your wings I'll soar and play

With your warmth and your gentle touch

You make me feel so much

Bridge:

Let the music take you away

And feel the rhythm in your soul

Dance with the breeze, let your heart play

And let your worries go

Chorus:

Spring breeze, carry me away

On your wings I'll soar and play

With your warmth and your gentle touch

You make me feel so much

Outro:

As the night falls and the day ends

And the world begins to rest

I'll close my eyes and feel the breeze

And know that I am blessed

필자

코드도 써줘.

제가 작곡할 때 생각한 코드를 알려드리겠습니다. 다음과 같은 코드 구성을 생각했습니다.

Verse:

| Gmaj7 | Em7 | Am7 D7 | Gmaj7 |

Chorus:

| Gmaj7 | Em7 | Am7 D7 | Gmaj7 |
| Gmaj7 | Em7 | Am7 D7 | Gmaj7 |

Bridge:

| Cmaj7 | D7 | Gmaj7 | Am7 |
| Cmaj7 | D7 | Gmaj7 | B7 |

Outro:

| Gmaj7 | Em7 | Am7 D7 | Gmaj7 |
저의 음악이 마음에 드시길 바랍니다.

Outro:

| Gmaj7 | Em7 | Am7 D7 | Gmaj7 |
저의 음악이 마음에 드시길 바랍니다

왜 제목을 「Spring Breeze」로 정했어?

제가 이 곡을 작곡할 때 봄바람을 연상하면서 작곡을 시작했습니다. 그래서 봄바람과 관련된 이미지와 감정을 담아낸 「Spring Breeze」라는 제목이 어울릴 것 같아서 이런 제목을 선택했습니다.

ChatGPT가 처음 등장했을 때 유튜브에서 매우 인기 있던 동영상들 중 하나가 바로 블로그 자동화였다. 블로그의 주 콘텐츠가 텍스트고, ChatGPT가 텍스트 생성에 제격이니 당연한 수순이다. 해당 동영상들의 경우 기획이나 콘텐츠 생성은 ChatGPT로 수행하고, API(Application Programming Interface, 쉽게 말해 다른 컴퓨터 프로그램들이 함께 일할 수 있게 해주는 중간 다리 같은 역할을 함)를 사용하여 다른 프로그램들과 연동시켜 블로그를 대량으로 자동 생성했다. 이미 사무 자동화와 관련하여 블로그를 자동으로 업로드하는 프로그램들은 다양하므로 API만 잘 사용하면 되는 것이다.

그래서 필자도 이 책에서 동일한 내용을 다룰까 고민했다. 하지만 일반인 대상의 책에서 다루기에는 내용이 지엽적이고, 사용 툴에도 의존성이 생기며, 앞으로 우후죽순 생겨날 더 좋은 통합 프로그램들이 나오면 과거의 지식이 될 내용들을 굳이 지면을 할애하여 자세히 다루는 것은 불필요할 것으로 판단했다. 대신, 자동화를 통해 수익형 블로그를 하고자 하는 분들에게 길라잡이 역할을 하는 데 도움이 되는 이야기들을 하고자 한다.

우선 대량 블로그 생산 방식은 추천하시 않는다. ChatGPT는 만능이 아니다. 간혹 말도 안 되는 이야기를 확신을 갖고 하기도 한다. 그런데 자동화 방식으로 대량으로 블로그를 작성한다면 어떻게 될까? 바로 저품질 판정을 받거나 검색되지 않는 페널티를 당할 수도 있다. 그리고 ChatGPT가 작성한 글인지, 사람이 작성한 글인지를 판단하는 인공지능 모델도 있다. 필자도 이미 ChatGPT가 작성한 글인지, 사람이 작성한 글인지 구분할 수 있다.

필자는 장인 정신을 담은 노력의 과정보다는 결과적 효용을 중시하는 사람으로 사람이 썼는지, ChatGPT가 썼는지보다는 해당 콘텐츠가 좋은 콘텐츠인지, 아닌지가 더 중요하다고 생각한다. 그런데 문제는 현재의 ChatGPT가 생성하는 콘텐츠에는 비정상적 출력 결과의 확률이 무시할 만한 수준이 아니라는 것이다. 잠재적 문제를 갖고 있는 글들이 우후죽순 블로그에 올라오기 시작하면, 과연 그 글들이 현재와 같은 광고 수익 가치를 창출한다고 볼 수 있을까? 거대 언어 모델이 작성한 블로그의 수준이 낮다면, 저품질 판정으로 광고 수익을 낼 수 없을 것이다. 반대로 그 수준이 매우 높다면, 차라리 개인이 아니라 기업들이 직접 거대 언어 모델로 자동화하여 블로그를 쓸 수도 있을 것이다. 그래도 현재 블로그가 수익이 되는 것은 블로그 작성에 그만한 수고가 필요하다는 점에 대해 블로거, 독자, 기업 간에 공통된 암묵적 합의가 있기 때문이다. 만약 수고를 들일 필요가 없다면, 광고 회사도 블로거들을 필요로 하지 않게 되므로 수요 공급의 법칙에 의해 당연히 수익이 나지 않을 것이다.

그럼 수익형 블로그를 하지 말라는 것인가? 그것은 아니다. 수익형 블로그를 하려면, ChatGPT를 활용하여 더 현명하게 블로그를 작성해야 한다는 뜻이다. ChatGPT는 다양한 아이디어를 빠르고 풍부하게 전달하고, 중요한 팩트들만 입력으로 넣어줘도 깔끔한 글을 쓴다. 앞서 가장 큰 문제가 ChatGPT가 검증되지 않은 이야기를 한다는 점이었는데, 만약 사람이 검증된 콘텐츠를 키워드나 간단한 문장들로 제공하고 ChatGPT가 이를 깔끔하게 정리해 주는 것은 어떨까?

필자

다음 사실들을 사용하여 블로그 콘텐츠를 만들어 줘.

1. 이전 GPT-3.5보다 성능이 더 좋아졌다. 변호사 시험에서 GPT-3.5는 하위 10%였지만, GPT-4는 상위 10%에 들었다.
2. GPT-4는 영어가 아닌, 다른 언어 능력이 향상됐다.
3. GPT-4는 멀티모달 모델이다. 멀티모달이란 여러 형태의 통신 또는 입력을 사용하는 것을 의미하며, GPT-4는 입력으로 텍스트와 이미지를 받고 텍스트를 출력한다.
4. 최대 토큰의 길이가 커졌다. GPT-3.5는 약 4천 개 정도, GPT-4는 3만 개 이상이다.
5. 가격이 조금 비싸졌다.

ChatGPT

[제목: GPT-4: AI 언어 모델의 새로운 시대 - 주요 업그레이드 및 변경 사항]

소개:

AI에 초점을 맞춘 블로그의 또 다른 흥미로운 편에 오신 것을 환영합니다. 오늘은 OpenAI의 최신 언어 모델인 GPT-4의 획기적인 발전을 살펴볼 것입니다. 이전 버전인 GPT-3.5에 비해 크게 개선된 이 최첨단 모델은 AI로 생성된 텍스트 및 이미지 처리를 혁신하는 다양한 새로운 기능을 제공합니다. 인공지능 분야의 판도를 바꿀 GPT-4의 주요 업그레이드 및 변경 사항 5가지를 자세히 살펴보세요.

변호사 시험에서 독보적인 성능:

GPT-4의 인상적인 업적 중 하나는 변호사 시험에서 탁월한 성능을 발휘한다는 점입니다. 이전 버전인 GPT-3.5는 응시자 중 하위 10%에 속했던 반면, GPT-4는 상위 10%에 속하며 상황을 반전시켰습니다. 이 놀라운 개선은 복잡한 법률 개념에 대한 모델의 향상된 이해를 강조하고 법률 전문가와 연구자를 위한 강력한 도구로서의 잠재력을 보여줍니다.

향상된 다국어 기능:

GPT-4는 영어의 한계를 뛰어넘어 다양한 언어에 대한 성능이 크게 향상됐습니다. 이런 혁신은 보다 포용적이고 접근하기 쉬운 AI 환경을 위한 기반을 마련하여 전 세계 사람들이 고급 언어 모델에 더 쉽게 참여하고 AI의 힘을 활용하여 언어 장벽을 허물 수 있도록 합니다.

멀티모달 프로세싱의 힘:
GPT-4는 단순한 텍스트 생성기가 아니라 멀티모달 모델입니다. 즉, 텍스트와 이미지 등 다양한 형태의 커뮤니케이션을 처리하고 해석하여 보다 포괄적이고 맥락에 맞는 결과물을 생성할 수 있습니다. 시각적 정보를 통합함으로써 GPT-4는 주어진 상황의 맥락을 더 잘 이해하여 보다 정확하고 유용한 결과를 도출할 수 있습니다.

최대 토큰 길이 증가:
GPT-3.5의 4,000개 토큰에서 GPT-4에서는 30,000개 이상의 토큰으로 늘어나면서 더 길고 복잡한 입력을 처리할 수 있는 모델의 능력이 크게 확장됐습니다.

이런 증가를 통해 GPT-4는 더 긴 문서를 처리하고, 더 넓은 컨텍스트를 분석하고, 더 자세한 응답을 생성할 수 있게 되어 AI 언어 모델 분야의 리더로서의 입지를 더욱 공고히 할 수 있게 됐습니다.

가격 변경:
모든 획기적인 기술이 그렇듯이 개선에는 대가가 따르는 경우가 많습니다. GPT-4에 추가된 기능과 성능으로 인해 이 AI 모델을 사용하는 가격은 이전 모델에 비해 약간 더 비싸지게 됐습니다. 하지만 GPT-4가 제공하는 향상된 성능과 확장된 가능성은 각 분야에서 AI의 힘을 활용하고자 하는 기업과 전문가에게 가치 있는 투자가 될 것입니다.

결론:
GPT-4는 성능, 다국어 기능, 멀티모달 처리, 토큰 길이 증가 등 괄목할 만한 발전을 통해 획기적인 AI 언어 모델로서 차별화됩니다. 가격은 다소 비쌀 수 있지만, 향상된 이해도와 문맥적 연관성 측면에서 제공하는 가치로 인해 GPT-4는 빠르게 변화하는 인공지능 세계에서 앞서 나가고자 하는 사람들에게 없어서는 안 될 도구가 될 것입니다. 블로그에서 GPT-4에 대한 더 많은 업데이트와 기타 AI 관련 소식을 기대해 주세요!

팩트들을 위주로 블로그의 뼈대가 잡히고, 여기에 살을 붙이는 식으로 블로그 글이 완성됐다. 그런데 글 자체가 딱 봐도 ChatGPT가 작성한 느낌이다. 문어체 느낌과 어려운 용어, 글의 스타일이 딱 AI다. 글의 구조도 AI스럽지만, 의외로 이렇게 쓰는 경우도 많으므로 생략하자. 그럼 전체적으로 글의 스타일을 바꿔야 하는데, 직접 바꾸려면 번거롭다. 이럴 때는 다음과 같이 입력 프롬프트를 작성하면 된다.

필자

다음 글을 좀 더 친구들에게 공유하듯이 자연스러운 말투로 바꿔줘.

제목: GPT-4: AI 언어 모델의 새로운 시대 - 주요 업그레이드 및 변경 사항

(중략⋯)

블로그에서 GPT-4에 대한 더 많은 업데이트와 기타 AI 관련 소식을 기대해 주세요!

ChatGPT

[제목: GPT-4: 인공지능 언어 모델의 신세계 - 주요 업그레이드와 변화들]

안녕 친구들! 오늘은 OpenAI의 최신 언어 모델인 GPT-4에 대해 얘기해 볼 거야. 이 기술은 GPT-3.5에 비해 엄청 발전했고, 인공지능으로 만든 텍스트와 이미지 처리에 혁신을 가져왔어. 지금부터 GPT-4에서 달라진 5가지를 함께 둘러봐!

변호사 시험에서 놀라운 성적:
GPT-4가 대단한 게 이제 변호사 시험에서 엄청난 점수를 받아! 예전 GPT-3.5는 시험 응시자 중 하위 10%였는데, 이젠 상위 10%에 들 정도로 많이 향상됐어. 이런 발전은 법률 전문가나 연구자들에게 큰 도움이 될 거야.

다국어 기능 개선:
GPT-4는 영어뿐만 아니라 여러 언어에서도 성능이 좋아져서 이제 전 세계인들이 언어 장벽 없이 AI를 이용할 수 있게 됐어.

멀티모달 처리 능력:

GPT-4는 텍스트만 다루는 게 아니라 이미지도 처리할 수 있어서 훨씬 더 유용한 결과를 낼 수 있어. 시각적 정보를 함께 고려하니까 상황을 더 잘 이해하고 좋은 결과를 낼 수 있게 됐지.

토큰 길이 증가:

GPT-3.5의 4,000개 토큰에서 GPT-4는 30,000개 이상의 토큰으로 늘어났어. 이제 더 긴 문서를 처리하고, 더 넓은 맥락을 파악하며, 더 자세한 답변을 낼 수 있게 됐어.

가격 변동:

물론, 이런 업그레이드로 인해 GPT-4를 사용하는 데는 비용이 좀 더 들게 됐지만, 그만큼 더 좋은 성능을 제공하니까 가치 있는 투자가 될 거야.

결론:

GPT-4는 여러 면에서 큰 발전을 이룬 인공지능 언어 모델이야. 가격이 좀 올랐지만, 그만큼 더 많은 가치를 제공하니까 이 도구를 쓰는 건 빠르게 발전하는 인공지능 세상에서 뒤처지지 않기 위한 필수 도구가 될 거야. 블로그에서 GPT-4에 관한 더 많은 소식과 다른 AI 관련 정보도 계속 기대해 주렴!

이렇게 글의 스타일만 바꿔도 확실히 사람이 쓴 느낌이 더 강하게 든다. 글쓰기라는 행위가 전달하려는 팩트들을 논리 정연하게 배치하고 호소력이 강하게 글의 스타일을 다듬는 과정임을 고려하면, 팩트들을 자유자재로 배치하기 용이하고 글의 스타일도 쉽게 바꿀 수 있는 ChatGPT가 많은 도움이 될 것이다. 만약 살을 붙이는 과정에서 팩트가 아닌 내용이 들어가면, 해당 내용을 빼달라고 하면 된다. 내용을 일부만 변경하는 것도 가능하다.

그럼 다시 본론으로 돌아가서 앞으로 잘 쓴 블로그들은 어떤 블로그들이 될까? 필자는 오랜 시간 품을 들여서 장인 정신으로 쓴 사람

냄새 나는 블로그와 전달하려는 핵심 메시지들을 기반으로 거대 언어 모델로 초안을 작성하고 사람이 다듬은 글들이 될 것이라고 생각한다. 그리고 그 둘은 시간이 갈수록 기술의 발전과 함께 구분하기 더욱 힘들어질 것이다.

18 더 쉽게 원고료로 제2의 수입 파이프라인 구축하기

이 책에 있는 많은 예시들이 ChatGPT가 생성한 텍스트들이다. 또한 이 책의 내용이 다양한 분야를 아우를 수 있는 것도 거대 언어 모델을 활용한 빠른 정보 취득과 검증 작업 덕분이다. 창작의 고통은 무에서 유를 창조할 때 주로 발생한다. 만약 수많은 참고 텍스트들을 ChatGPT가 제안한다면, 유에서 유를 창조하는 격이다. ChatGPT가 제안한 텍스트들을 종합적으로 검토하고 검증하는 과정을 통해 창작의 아이디어가 생기기 때문이다.

그럼 책을 출간한다고 가정하고, ChatGPT를 활용하여 주제 도출, 목차 구성, 세부 내용 구체화까지 어떻게 할 수 있는지를 알아보자. 먼저 어떤 종류의 책을 쓸지를 살펴본다. 만약 대 주제가 "ChatGPT"라고 한다면, 이를 ChatGPT에 어떤 파생 주제들이 가능한지 아이디어를 제안해 달라고 해보자.

필자 ChatGPT에 대해 책을 쓰고 싶은데, 세부 주제를 정하지 못했어. 요즘 독자들이 관심 있어 할 만한 주제를 중심으로 골라줘.

ChatGPT

- **ChatGPT의 역사와 개발**: 독자들은 ChatGPT가 어떻게 만들어졌는지, 개발 과정에서 직면한 과제와 그 과정에서 달성한 이정표에 대해 알고 싶어 할 수 있습니다.

- **ChatGPT의 동작 방식**: 자연어 처리에 대해 배우고 싶은 독자에게는 ChatGPT가 텍스트를 처리하고 생성하는 방법에 대한 기술적 세부 사항을 자세히 살펴보는 것이 흥미로운 주제가 될 수 있습니다.

- **AI의 윤리적 고려 사항**: 특히 ChatGPT와 같은 대화형 에이전트의 맥락에서 AI의 윤리적 함의를 탐구하는 것은 생각을 자극하는 주제가 될 수 있습니다.

- **현대 사회에서 ChatGPT의 역할**: 마케팅, 고객 서비스 등 다양한 산업에서 ChatGPT가 어떻게 활용되고 있는지 살펴보는 것은 독자들에게 흥미로운 주제가 될 수 있습니다.

- **ChatGPT와 창의성**: 시나 음악과 같은 창의적인 작품을 만드는 데 ChatGPT가 어떻게 사용되었는지에 대해 논의하는 것은 AI와 예술의 교차점에 관심이 있는 독자들에게 흥미로운 주제가 될 수 있습니다.

- **ChatGPT와 정신 건강**: 정신 건강 문제를 지원하거나 치료사 역할을 하는 등 정신 건강 문제를 지원하는 데 ChatGPT가 어떻게 사용될 수 있는지 탐구하는 것은 오늘날 적절한 주제가 될 수 있습니다.

- **ChatGPT의 한계**: 풍자나 아이러니를 이해하지 못하는 등 현재 ChatGPT의 한계를 살펴보는 것은 기술의 능력과 한계를 이해하고자 하는 독자들에게 유용한 주제가 될 수 있습니다.

- **ChatGPT와 언어 학습**: 사람들이 새로운 언어를 배우거나 언어 능력을 연습하는 데 ChatGPT가 어떻게 사용될 수 있는지에 대해 논의하는 것은 독자들에게 흥미로운 주제가 될 수 있습니다.

- **ChatGPT의 미래**: 기술의 잠재적 발전이나 새로운 응용 프로그램 등 ChatGPT의 미래를 탐구하는 것은 AI와 AI가 사회에 미치는 영향에 관심이 있는 독자들에게 매력적인 주제가 될 수 있습니다.

- **ChatGPT와 인간 커뮤니케이션**: 온라인과 오프라인에서 인간이 서로 소통하는 방식을 ChatGPT가 어떻게 변화시킬 수 있는지 살펴보는 것은 독자들에게 흥미롭고 생각을 자극하는 주제가 될 수 있습니다.

실제로 앞으로도 계속하여 생겨날 ChatGPT 관련 서적들 중 하나쯤은 나올 법한 주제들이다. 만약 "ChatGPT의 동작 방식"을 주제로 한 책을 쓰기로 결정했다면, 목차를 작성해 보자.

 필자
"ChatGPT의 동작 방식"에 관한 책을 쓰고자 해. 책은 약 300페이지 분량이야. 목차를 뽑아줘.

 ChatGPT

목차

1. 소개
　1.1. ChatGPT의 개요
　1.2. 챗봇과 자연어 처리의 진화

2. ChatGPT의 기초
　2.1. 인공지능, 머신러닝, 딥러닝
　2.2. 자연어 처리(NLP)
　2.3. 신경망 및 트랜스포머 모델
　2.4. 언어 모델: GPT 및 GPT-2

3. GPT-3의 혁신
　3.1. GPT-3의 규모와 아키텍처
　3.2. GPT-3 훈련
　3.3. GPT-3의 응용과 한계

4. GPT-4와 ChatGPT의 개발
　4.1. GPT-4의 기술적 개선 사항
　4.2. 미세 조정 및 도메인 적용
　4.3. ChatGPT의 출시

5. ChatGPT 동작 방식
　5.1. 토큰화 및 텍스트 인코딩
　5.2. 주의 기법
　5.3. 디코딩 및 텍스트 생성

이 정도면 상당히 잘 정돈된 목차며, 세부적인 주제들도 ChatGPT를 이해하기 위해 필요한 내용들이다. 실제로 필자가 출간한 『개발자를 위한 ChatGPT 활용법』 책의 목차를 뽑을 때도 ChatGPT가 제안한 여러 목차들을 검토하여 불필요한 내용들은 제거하고 필요한 내용들은 추가하면서 개발자에게 필요한 ChatGPT 활용 내용들을 적합하게 담았다. ChatGPT가 충분히 활용 가능한 목차를 잘 뽑는다는 것을 보여준다. 그럼 이제 세부적인 내용을 담아보자. 지면상 우리는 임의로 '6.5. 감정 분석 및 텍스트 분류'를 선정하여 세부적인 내용을 ChatGPT에게 작성해 달라고 해보자. 나머지 장들도 이런 방식으로 아이디어를 얻고, 반드시 검증 작업을 거친 다음 자신의 역량을 쏟아부어 정확한 정보를 호소력 있는 메시지로 만들어 전달해야 한다.

필자　'6.5. 감정 분석 및 텍스트 분류'의 첫 5줄을 작성해 줘. 이 섹션의 전체 분량은 약 200줄이야.

ChatGPT

6.5. 감정 분석 및 텍스트 분류

감정 분석과 텍스트 분류는 자연어 처리에서 중요한 두 가지 필수 작업으로 실제 응용 분야가 많습니다. ChatGPT의 등장으로 사람과 유사한 언어를 이해하고 생성할 수 있는 능력 덕분에 두 작업 모두 상당한 발전을 이뤘습니다. 이 섹션에서는 ChatGPT가 감정 분석과 텍스트 분류에 어떻게 활용되는지 살펴보고, 그 강점과 한계를 강조하며, 다양한 신입 분야에서의 사용 사례에 대해 논의합니다.

오피니언 마이닝 또는 감정 AI라고도 하는 감정 분석은 텍스트에서 전달되는 감정이나 정서를 파악하는 프로세스를 말합니다. 여기에는 긍정, 부정 또는 중립 감정을 식별하는 것부터 행복, 슬픔, 분노 또는 놀라움과 같은 보다 복잡한 감정 분류까지 포함됩니다. 반면에 텍스트 분류는 텍스트를 미리 정의된 클래스 또는 주제로 분류하는 것으로 대규모 데이터셋을 보다 쉽게 구성, 필터링 및 분석할 수 있도록 해줍니다.

(중략…)

사실 분량보다 더 중요한 것은 '독자에게 전달하고자 하는 핵심적 메시지'다.

필자 ChatGPT를 활용한 감정 분석 및 텍스트 분류 방법에 대한 주요 메시지들을 20개 보여줘.

ChatGPT

- **ChatGPT 이해하기:** 감정 분석 및 텍스트 분류 작업을 위한 ChatGPT의 기능과 잠재력을 소개합니다.
- **데이터 수집 및 준비:** ChatGPT로 감정 분석 및 텍스트 분류를 위해 텍스트 데이터를 수집, 정리, 전처리하는 방법을 설명합니다.
- **훈련 및 미세 조정:** 감정 분석 및 텍스트 분류와 같은 특정 작업을 수행하기 위해 라벨링된 데이터에 대해 ChatGPT를 미세 조정하는 과정을 설명합니다.
- **특징 추출 기법:** 원시 텍스트 데이터를 단어 임베딩, n-그램 등 머신러닝 모델에 적합한 수치적 특징으로 변환하는 다양한 기법에 대해 설명합니다.
- **토큰화와 어휘:** 텍스트를 개별 단어 또는 하위 단어로 분류하고 어휘 크기를 관리하는 데 있어 토큰화의 역할에 대해 설명합니다.
- **라벨링 및 주석:** 지도 학습을 위해 텍스트 데이터에 감정 또는 카테고리 레이블을 할당하는 프로세스를 자세히 설명합니다.
- **모델 선택 및 아키텍처:** 다양한 모델 아키텍처를 비교하고 감정 분석 및 텍스트 분류 작업에 대한 적합성에 대해 논의합니다.
- **하이퍼파라미터 튜닝:** 성능을 개선하고 과적합을 피하기 위해 모델 설정을 최적화하는 방법을 설명합니다.
- **모델 평가:** 정확도, 정밀도, 리콜, F1 점수 등 모델 성능을 평가하기 위한 다양한 메트릭을 설명하고 혼동 행렬을 해석하는 방법을 설명합니다.
- **전이 학습:** 최소한의 미세 조정으로 특정 작업의 성능을 개선하기 위해 ChatGPT와 같이 사전 학습된 모델을 활용하는 방법에 대해 논의합니다.
- **다중 레이블 분류:** 하나의 텍스트가 여러 카테고리에 속할 수 있는 텍스트 분류 작업을 처리하는 방법을 설명합니다.
- **정규화 기법:** 복잡한 모델에 페널티를 부여하여 과적합을 방지하고 새로운 데이터에 대한 일반화를 개선하는 방법을 소개합니다.

- **감정 분석 애플리케이션**: 고객 피드백 분석, 소셜 미디어 모니터링, 시장 조사 등 감정 분석의 다양한 사용 사례를 살펴봅니다.
- **텍스트 분류 애플리케이션**: 문서 분류, 토픽 모델링, 콘텐츠 추천과 같은 텍스트 분류의 다양한 적용 사례를 살펴봅니다.
- **윤리 및 편향성**: ChatGPT 기반 감정 분석 및 텍스트 분류 시스템에서 윤리적 고려 사항과 잠재적인 편향성을 다룹니다.
- **실제 배포**: 학습되고 미세 조정된 ChatGPT 모델을 감정 분석 및 텍스트 분류를 위해 실제 애플리케이션에 통합하는 방법에 대해 논의합니다.
- **확장 및 성능**: 대규모 텍스트 데이터셋을 처리하고 ChatGPT 기반 모델의 성능을 최적화하는 방법을 설명합니다.
- **불균형 데이터 처리**: 감정 분석 및 텍스트 분류 작업에서 클래스 불균형 문제를 해결하기 위한 전략을 제공합니다.
- **도메인 적용**: 금융, 의료, 법률 텍스트와 같은 특정 도메인에 ChatGPT를 적용하여 성능을 개선하기 위한 기술을 논의합니다.
- **향후 개발**: 감정 분석 및 텍스트 분류 분야를 발전시키기 위한 ChatGPT와 그 후속 제품의 잠재력을 탐구합니다.

위의 내용들은 모두 ChatGPT를 활용하여 감정 분석 및 텍스트 분류 태스크를 수행할 때 필요한 주요 메시지들이다. 책을 쓴다고 가정하면, 각각의 소주제들을 주요한 메시지로 잡고 자세히 정보를 조사하여 정리한 후 각 주제를 작성하면 완성된다. 이런 방식으로 전체 장들에 신뢰도 있는 정보를 담아 구성하면, 독자들에게 도움이 되는 책을 만들 수 있을 것이다.

다만, 어떤 정보가 신뢰할 만한지, 유용한지를 구분할 수 있는 안목이 있어야 한다. 앞으로 이 부분이 작가들의 역량을 크게 좌우하게 될 것으로 예상된다. 분명 책을 쓸 수 있는 기회는 늘어날 것이다. 그러나 역량을 갖추지 못하고 ChatGPT가 하는 이야기를 무분별하게 받아들이게 된다면, 거짓 정보들을 양산하여 신뢰를 얻지 못하게 될 수도 있다.

필자는 ChatGPT에 이 섹션이 주는 주제들을 나열시키고, 나열된 주제 각각을 구체화하는 방법을 추천한다. 만약 전체 내용이 생각보다 부족할 경우에는 처음으로 돌아가 다른 주제들을 추가로 선정하고 중요 메시지들을 도출한 다음 구체화한다면, 책을 쓰는 것이 더욱 쉬워질 것이다.

책을 출판할 때는 출판사를 통해 실물 책을 인쇄하고 동시에 전자책도 함께 발간하는 정식 출판 방식도 있고, 최근에는 크몽과 같이 PDF 문서를 자유롭게 판매하는 개인 출판 시장도 열려 있으니 이를 활용하는 방법도 있다.

19 각종 고민을 ChatGPT에게 털어놓아 보자!

살다 보면 인간관계 때문에 고민하는 경우가 참 많다. 고민은 작은 것에서부터 큰 것에 이르기까지 다양하다. 그런데 문제가 있을 때마다 매번 주변 사람들에게 상담을 받자니 민폐가 아닌가 하는 미안한 마음이 든다. 그렇다고 전문가의 상담을 매번 받자니 이 또한 비용이 만만찮다. 블로그나 웹사이트는 일반적인 이야기일 뿐, 내 상황에 맞는 조언을 찾자니 이것도 일이다. 이런 경우에 지금 나의 상황을 ChatGPT에 설명하고 조언을 받는 것은 어떨까?

필자

최근 주택 구입 문제로 아내와 다퉜어. 아내는 주택을 구매하자고 했고, 나는 구매하지 말자고 했는데, 결국 구매를 했어. 집값이 많이 떨어지고 나서 대출 이자를 어떻게 갚을지 이야기를 하다가 그때 내가 주택을 구매하지 말자고 했던 이야기를 꺼내며 아내에게 나쁜 말을 했어. 아내가 지금 매우 상처받았는데, 어떻게 해결해야 할까?

ChatGPT

공감과 이해를 바탕으로 상황을 해결하는 것이 중요합니다. 다음은 이 문제를 해결하는 방법에 대한 단계별 접근 방식입니다.

- **자신의 행동을 되돌아보세요**: 잠시 시간을 내어 논쟁과 논쟁의 확대 과정에 대해 생각해 보세요. 의견 불일치에서 자신의 역할과 자신의 말이 아내에게 어떤 상처를 줬는지 인식하세요.

- **진심으로 사과하세요**: 아내에게 다가가 자신의 말과 행동에 대해 진심으로 사과하세요. 사과는 진심이어야 하며, 자신의 말이 아내에게 미친 영향을 이해하고 있음을 전달해야 합니다. 변명하거나 자신의 행동을 정당화하지 마세요.

- **적극적으로 경청하세요**: 아내에게 상황에 대한 자신의 감정과 생각을 표현할 수 있는 기회를 주세요. 완전히 집중하고 눈을 마주치며 아내의 말을 방해하지 말고 적극적으로 경청하는 연습을 하세요.

- **아내의 감정을 확인하세요**: 아내가 왜 상처를 받았는지 이해한다는 사실을 알려줌으로써 아내의 감정을 인정하고 확인합니다. 이렇게 하면 상대방이 자신의 말을 듣고 존중받고 있다는 느낌을 받을 수 있습니다.

- **핵심 문제에 대해 토론하세요**: 서로의 감정을 표현한 후에는 근본적인 문제(대출 이자 납부)에 대해 이야기하고 서로의 관점을 이해하려고 노력하세요. 이렇게 하면 두 사람이 공동의 목표를 향해 함께 노력하는 데 도움이 됩니다.

- **타협점을 찾아보세요**: 공동점을 찾아 두 가지 우려 사항을 모두 해결할 수 있는 타협점을 찾는 것이 중요합니다. 대안적인 해결책을 열린 마음으로 고려하고 두 사람 모두 자신의 의견을 듣고 이해한다고 느끼도록 하세요.

- **신뢰를 쌓고 앞으로 나아가세요**: 논쟁 후에는 신뢰를 회복하는 것이 중요합니다. 문제를 함께 해결하고 서로를 지원하겠다는 의지를 보여주세요. 여기에는 주택 구입 절차를 탐색하고 대출을 관리하는 데 도움이 되는 재정적인 조언이나 상담을 구하는 것이 포함될 수 있습니다.

모든 관계에서 소통은 핵심이며, 공감과 이해, 함께 해결책을 찾으려는 의지로 갈등을 처리하는 것이 중요하다는 점을 기억하세요.

구구절절 다 맞는 말이다. 조언을 따라 행동하기만 해도 아내의 기분이 상당히 나아지고 관계가 개선될 것이다. 그런데 근본적인 문제(주택 구입으로 인한 대출 이자)가 해결되지 않았는데, 이것이 다시 논쟁의 불씨를 지피지 않을까 우려됐다.

필자

훌륭한 답변이지만, 아직 문제(대출 이자 납부)가 해결되지 않아 다시 다툼이 생길 수 있는데, 다툼을 피하고 관계를 회복하려면 어떻게 해야 할까?

ChatGPT

향후 다툼을 피하고 관계를 회복하기 위해 노력하려면 다음 단계를 고려하세요.

- **열린 의사소통을 하세요**: 아내와 솔직하고 개방적인 의사소통을 유지하세요. 대출에 대한 우려와 두려움을 공유하고 아내의 이야기도 경청하세요. 두 사람이 같은 생각을 하고 있는지, 서로의 감정과 생각을 알고 있는지 확인하세요.
- **전문가의 조언을 구하세요**: 재정 전문가와 상담하여 대출의 의미를 이해하고 이자 납부를 관리할 수 있는 옵션을 모색하세요. 재정 전문가는 예산 책정, 재융자 또는 기타 재정 전략에 대한 지침을 제공하여 우려를 덜어줄 수 있습니다.
- **재무 계획을 세우세요**: 대출 상환금, 기타 재정적 의무, 장기 목표를 고려한 현실적인 재정 계획을 함께 수립하세요. 이 계획은 정기적으로 재검토하고 필요에 따라 조정하여 계획대로 진행되고 있는지 확인해야 합니다.
- **경계를 설정하세요**: 재정적인 문제를 논의할 때는 명확한 경계를 설정하세요. 이런 대화 중에 비난, 비판 또는 상처를 주는 언어를 사용하지 않기로 합의하세요. 이렇게 하면 우려 사항을 논의하고 해결책을 찾기 위한 안전하고 건설적인 환경을 조성하는 데 도움이 됩니다.
- **팀워크에 집중하세요**: 직면한 재정적 문제를 해결하기 위해 팀으로 협력하는 것이 중요하다는 점을 강조하세요. 여기에는 책임 분담, 서로의 노력

지원, 타협에 대한 열린 자세가 포함됩니다.

- **공감과 이해를 실천하세요**: 이 과정에서 서로의 감정과 우려를 염두에 두세요. 동의하지 않더라도 상대방의 감정을 확인하고 지지해 줌으로써 공감과 이해를 실천하세요.
- **관계를 강화하세요**: 금전적인 문제 외에 관계를 발전시키는 데 시간과 노력을 투자하세요. 둘 다 좋아하는 활동에 참여하고, 함께 좋은 시간을 보내며, 정서적 유대감을 유지하세요. 이는 함께 문제를 해결하기 위한 탄탄한 기반을 구축하는 데 도움이 됩니다.
- **상담을 고려하세요**: 의사소통과 갈등 해결에 계속 어려움을 겪고 있다면, 부부 상담을 받아보세요. 전문 치료사는 두 사람이 더 건강한 의사소통 기술을 개발하고 반복되는 다툼의 원인이 되는 근본적인 문제를 해결하는 데 도움을 줄 수 있습니다.

일반적인 사람들의 조언보다 확실히 폭넓고, 나름 현실적인 조언들이다. 먼저 대출에 대한 우려와 두려움을 공감하고 경청하는 것은 좋은 자세며, 재정 전문가의 조언을 들으라는 점에서 굉장히 현실적이다. 또한 재무 계획을 세우고, 재정 문제에 대해 논의할 때는 경계를 잘 세워서 서로 비난하지 않기로 약속해야 한다는 것도 중요하다. 이 외에도 팀워크에 집중하고, 관계를 강화하며, 전문 상담을 통해 문제를 해결하는 것도 실제로 많은 사람들이 밟는 절차다.

ChatGPT의 장점은 현재 내 개인적인 상황에 맞게 조언을 해준다는 점과 그 조언이 다양하고 굉장히 빠르게 제공된다는 점이다. 물론, 더 세부적으로 문제를 해결하기 위해서는 전문가의 도움이 필요한 경우도 많다. 그러나 모든 문제들에 대해 전문가의 도움을 받기는 현실적으로 힘들다. 이런 경우에는 중요한 고민들은 전문가의 도움을 받고, 사소한 고민들은 ChatGPT를 활용하여 해결해 보는 것은 어떨까?

수능 공부도 이젠 ChatGPT로!

이젠 수능 공부도 ChatGPT로 하는 날이 머지않았다. 이미 칸 아카데미나 스픽과 같은 교육 기업들이 GPT-4를 활용하고 있다는 것을 배웠다. 우리도 ChatGPT를 수능 공부에 활용할 수 있다.

먼저 수능 영어 문제를 ChatGPT에 물어보자.

필자

다음 글에서 전체 흐름과 관계 없는 문장은?

Since their introduction, information systems have substantially changed the way business is conducted. ① This is particularly true for business in the shape and form of cooperation between firms that involves an integration of value chains across multiple units. ② The resulting networks do not only cover the business units of a single firm but typically also include multiple units from different firms. ③ As a consequence, firms do not only need to consider their internal organization in order to ensure sustainable business performance; they also need to take into account the entire ecosystem of units surrounding them. ④ Many major companies are fundamentally changing their business models by focusing on profitable units and cutting off less profitable ones. ⑤ In order to allow these different units to cooperate successfully, the existence of a common platform is crucial.

ChatGPT

이 글에서 전체 흐름과 관계 없는 문장은 ④번 문장입니다. 이 문장은 기업들이 이익이 적은 부문을 줄이고 이익이 많은 부문에 집중함으로써 비즈니스 모델을 변화시키고 있다는 내용입니다. 그러나 나머지 문장들은 정보 시스템 도입 이후 기업 간 협력, 가치 사슬 통합 그리고 공통 플랫폼의 중요성에 초점을 맞추고 있습니다.

정답이다. ChatGPT가 풀이한 대로 ④번 문장만 이익이 많은 부문에 집중한다는 내용이며, 나머지는 모두 공통 플랫폼에 대해 이야기하고 있다. 그럼 각 문장을 답이 나온 근거를 고려하여 해석해 달라고 하자.

필자

글을 한 문장씩 해석해 줘. 그리고 답이 나온 근거에 집중하여 설명해 줘.

ChatGPT

"Since their introduction, information systems have substantially changed the way business is conducted."
해석: 정보 시스템이 도입된 이래로, 그것은 기업 경영 방식을 크게 변화시켰다.

이 문장은 글의 시작 부분으로 정보 시스템이 도입되면서 기업의 경영 방식에 큰 변화가 생겼다는 것을 전제로 합니다.

① "This is particularly true for business in the shape and form of cooperation between firms that involves an integration of value chains across multiple units."
해석: 이것은 특히 여러 부문 간의 가치 사슬 통합을 포함하는 기업 간의 협력 형태의 비즈니스에 해당된다.

이 문장은 정보 시스템이 기업 간 협력 및 가치 사슬 통합과 같은 비즈니스 형태에서 특히 큰 영향을 미쳤음을 강조합니다.

② "The resulting networks do not only cover the business units of a single firm but typically also include multiple units from different firms."
해석: 이로 인해 생긴 네트워크는 단일 기업의 사업 부문뿐만 아니라 일반적으로 여러 기업의 다양한 부문도 포함한다.

이 문장은 정보 시스템이 기업 간 협력을 촉진하여 여러 기업 간에 네트워크가 형성되고 있다는 점을 설명합니다.

③ "As a consequence, firms do not only need to consider their internal organization in order to ensure sustainable business performance; they also need to take into account the entire ecosystem of units surrounding them."
해석: 그 결과로, 기업은 지속 가능한 비즈니스 성과를 보장하기 위해 내부 조직뿐만 아니라 주변의 전체 유닛 생태계를 고려해야 한다.

이 문장은 정보 시스템이 기업 간 네트워크를 생성함으로써 기업들이 단순히 내부 조직에만 집중하는 것이 아니라 그들과 협력하는 다른 기업들의 유닛들을 포함한 전체 생태계를 고려해야 함을 설명합니다.

④ Many major companies are fundamentally changing their business models by focusing on profitable units and cutting off less profitable ones.

　해석: 많은 주요 기업들이 수익성이 높은 부문에 집중하고 수익성이 낮은 부문을 정리함으로써 비즈니스 모델을 근본적으로 바꾸고 있습니다.

이 문장은 기업들이 이익이 적은 부문을 줄이고 이익이 많은 부문에 집중함으로써 비즈니스 모델을 변화시키고 있다는 내용입니다.

⑤ "In order to allow these different units to cooperate successfully, the existence of a common platform is crucial."

　해석: 이런 다양한 유닛들이 성공적으로 협력하려면, 공통 플랫폼의 존재가 매우 중요하다.

이 문장은 기업 간의 협력과 통합을 가능하게 하기 위해서는 공통 플랫폼의 중요성을 강조합니다.

전체적으로 이 글은 정보 시스템이 도입된 후 기업 간 협력과 가치 사슬 통합에 큰 변화를 가져왔음을 설명합니다. 또한 이런 변화로 인해 기업들은 단순히 자신들의 내부 조직에만 집중하는 것이 아니라 다른 기업들과의 협력 관계를 포함한 전체 생태계를 고려해야 함을 강조하고 있습니다. 마지막으로, 기업 간의 협력을 가능하게 하고 효율적으로 만들기 위해서는 공통 플랫폼의 중요성을 부각하고 있습니다.

　원래 문제에서 ④번("Many major ~ profitable ones.")만 기업 간 협력을 위한 공통 플랫폼의 중요성이 아니라 기업들이 이익이 많은 부문에 집중한다는 내용이므로 ChatGPT가 정답을 맞혔다.

　뿐만 아니라 ChatGPT로 어떤 문단이든 수능 문제처럼 만들어 볼 수도 있다. 아마 교사들이 많이 활용할 수 있는 방법일 듯한데, 이를 소개해 보겠다.

필자

다음 지문에서 핵심 주제를 말해 줘.

People don't usually think of touch as a temporal phenomenon, but it is every bit as time-based as it is spatial. You can carry out an experiment to see for yourself. Ask a friend to cup his hand, palm face up, and close his eyes. Place a small ordinary object in his palm — a ring, an eraser, anything will do — and ask him to identify it without moving any part of his hand. He won't have a clue other than weight and maybe overall size. Then tell him to keep his eyes closed and move his fingers over the object. He'll most likely identify it at once. By allowing the fingers to move, you've added time to the sensory perception of touch. There's a direct analogy between the fovea at the center of your retina and your fingertips, both of which have high acuity. Your ability to make complex use of touch, such as buttoning your shirt or unlocking your front door in the dark, depends on continuous time-varying patterns of touch sensation.

해석: 사람들은 일반적으로 터치를 시간적인 현상이라고 생각하지 않지만, 터치는 공간적인 요소만큼이나 시간적인 요소에 기반한다. 실험을 통해 직접 확인할 수 있다. 친구에게 손바닥을 위로 향하게 하고 눈을 감아달라고 부탁한다. 반지, 지우개 등 평범한 작은 물체를 손바닥에 올려놓고 손의 어떤 부분도 움직이지 않고 물체를 식별해 보라고 한다. 무게와 전체적인 크기 외에는 단서가 없을 것이다. 그런 다음 눈을 감은 채 손가락을 물체 위로 움직여 보라고 말한다. 친구는 대부분 단번에 물체를 식별할 것이다. 손가락을 움직이게 함으로써 촉각에 대한 감각적 인식에 시간을 더한 것이다. 시각의 중심에 위치한 중심와와 손끝 사이에는 직접적인 유사성이 있으며, 두 경우 모두 정확도가 높다. 셔츠 단추를 채우거나 어둠 속에서 현관문을 여는 등 복잡한 터치를 사용하는 능력은 시간에 따라 변화하는 터치 감각의 지속적인 패턴에 달려 있다.

 ChatGPT

핵심 주제: 촉각의 시간적 측면과 감각 인식에서 촉각의 역할

 필자

오류를 내포하고 있는 이 문단에 대한 4가지 주제를 서술해 줘.

ChatGPT

- **촉각의 공간적 우위**: 감각 지각에서 시간 무시하기
- **움직임 무시하기**: 촉각의 정적 특성
- **시간의 부재**: 촉각 인식이 움직임 없이 동작하는 방식
- **촉각 감각**: 시간에 영향을 받지 않는 완전히 공간적인 현상

이제 지문과 함께 다음 보기를 보여주면, 하나의 수능 문제가 된다.

[문제]

다음 문단의 주제를 고르시오.

People don't usually think of touch as a temporal phenomenon, but it is every bit as time-based as it is spatial. You can carry out an experiment to see for yourself. Ask a friend to cup his hand, palm face up, and close his eyes. Place a small ordinary object in his palm - a ring, an eraser, anything will do - and ask him to identify it without moving any part of his hand. He won't have a clue other than weight and maybe overall size. Then tell him to keep his eyes closed and move his fingers over the object. He'll most likely identify it at once. By allowing the fingers to move, you've added time to the sensory perception of touch. There's a direct analogy between the fovea at the center of your retina and your fingertips, both of which have high acuity. Your ability to make complex use of touch, such as buttoning your shirt or unlocking your front door in the dark, depends on continuous time-varying patterns of touch sensation.

보기:

❶ 촉각의 공간적 우위: 감각 지각에서 시간 무시하기

❷ 움직임 무시하기: 촉각의 정적 특성

❸ 시간의 부재: 촉각 인식이 움직임 없이 동작하는 방식

❹ 촉각의 시간적 측면과 감각 인식에서 촉각의 역할(정답)

❺ 촉각 감각: 시간에 영향을 받지 않는 완전히 공간적인 현상

이런 방식으로 교사들은 원하는 문단에 대해 수능 문제 형식으로 문제를 대량으로 만들어 볼 수 있고, 학생들은 이를 활용하여 수능 영어 영역을 공부해 볼 수 있다.

물론, 아직 ChatGPT가 수능 전과목을 잘 풀기에는 부족하다. 그러나 앞으로 거대 언어 모델이 지속 발전하여 추론력이 늘고 수많은 문제 은행들을 학습하게 된다면, 수능 문제도 거대 언어 모델을 통해 준비하는 날이 올지도 모른다. 또한 이미 교육 업체들은 ChatGPT를 활용하기 시작했다. 앞으로 ChatGPT의 기술 발전과 함께 이런 새로운 교육 방식을 과감하게 시도하는 기업이 더 많은 기회를 얻을 것으로 예상된다.

ChatGPT는 누구보다 인내심을 갖고 개개인의 수준에 맞게 끊임없이 질문에 답해준다. 아무리 이해를 못해도 절대 화를 내지 않는다. 또한 유사한 문제들을 만들어 주기도 하며, 아이에게 설명하듯이 쉬운 용어만으로도 개념을 이해시켜 준다. 무엇보다 앞으로 기술이 발전할수록 우리에게 더 큰 효용을 줄 것이다.

필자는 추리 문제를 좋아한다. 그래서 추리 소설을 읽거나 추리 문제를 푸는 것을 좋아하는데, 하나하나 문제를 풀어갈수록 남은 문제가 줄어들어서 아쉬울 때가 있다. 만약 끊임없이 새로운 추리 문제를 풀 수 있다면 얼마나 좋을까? 이럴 때 해볼 수 있는 것이 ChatGPT를 활용하는 것이다.

필자

살인 미스터리 문제를 하나 내줘.

ChatGPT

좋아요. 여기 해결해야 할 살인 미스터리 문제가 하나 있습니다.

한 남성이 산에 등반하다가 얼음 위에서 사망한 채로 발견됐습니다. 그는 누구인지 식별되지 않았지만, 그의 가방 안에는 사진, 일지 그리고 지도가 있었습니다. 그의 사망 원인은 알 수 없지만, 추락한 것으로 추측되며, 그의 죽음과 관련된 다양한 이론들이 있습니다.

경찰은 3명의 용의자를 식별했습니다.
1. **등반 대행자**: 그의 등반 대행자 중 1명이 그와 함께 있었던 것으로 밝혀졌으며, 경찰은 그가 산 사고를 벌인 것이 아닌지 의심하고 있습니다.
2. **가족**: 그의 가족 중 1명은 그와 함께 등반을 계획했으나, 그들은 그의 사망 이후에 언제나 자신들의 이야기를 일치시키지 못했습니다.
3. **동료 등반자**: 그와 함께 등반했던 다른 등반자 중 1명이 그를 밀어서 죽인 것으로 추정됩니다.

당신은 누가 범인인지, 그 이유는 무엇인지 찾아내야 합니다.

필자

범죄 현장을 묘사해 줘.

이 문제의 범죄 현장은 산의 얼음 위입니다. 이 남성이 어떤 산을 등반했는지는 명확하게 언급되지 않았지만, 범인이나 용의자가 그의 시신을 발견할 때까지 산의 고도 지점에 위치한 것으로 보입니다. 현장은 얼음 위에 있으므로 남성이 추락하거나 다른 사유로 사망한 것으로 추정됩니다. 그의 가방 안에 있는 사진, 일지, 지도는 수사를 위해 중요한 단서가 될 수 있습니다. 또한 경찰은 타살, 살인 또는 자살에 대한 단서를 찾기 위해 현장을 조사할 것입니다.

필자

그의 가방 안에 있는 일지를 읽어줘.

죽은 남성의 가방 안에 있는 일지에는 다음과 같은 내용이 담겨 있습니다.

[날짜: 2023년 3월 15일]
오늘은 비록 춥지만, 맑은 하늘 아래서 산을 등반하고 있습니다. 산 꼭대기에서의 경치는 굉장합니다. 그러나 내 등반 동료 중 1명이 전날 술을 마셔서 산에서 안정적이지 않았습니다. 내일 그와 함께 다시 등반하게 될 것이기 때문에 걱정됩니다.

[날짜: 2023년 3월 16일]
오늘은 나쁜 일이 있었습니다. 내 등반 동료 중 1명이 내 뒤에서 나를 밀었습니다. 나는 미끄러져 추락하는 것을 멈추기 위해 발을 퉁겨냈습니다. 그는 내가 다시 등반하게 될 때 같이 가기를 요구했습니다. 난 그가 동료로서 적절하지 않다고 생각합니다.

[날짜: 2023년 3월 17일]
내 등반 동료 중 1명이 갑자기 산에서 사라졌습니다. 우리는 그를 찾으려 했지만, 실패했습니다. 이제 그를 찾으려면, 경찰을 찾아야 할 것 같습니다.

이 일지에서 남성은 등반 중에 일어난 사건을 기록하고 있습니다. 그가 언급한 등반 동료 중 1명이 산에서 안정적이지 않았고, 또 다른 동료가 그를 밀었다는 사실을 언급합니다. 이 동료는 그와 함께 다시 등반하게 해달라고 요구했습니다. 이 일지는 그와 그의 등반 동료들 간에 긴장이 있었음을 보여주며, 산에서 발생한 사건이 이 남성의 죽음과 관련이 있을 수 있다는 가능성을 제기합니다.

이렇게 점차 단서를 하나하나 모아가면서 추리를 하면, 범인을 추측할 수 있다. 재미있는 것은, 추리 소설을 읽으면 한정된 정보를 갖고 추리해야 하지만, ChatGPT를 활용하면 자신이 원하는 만큼 마음껏 단서를 선택적으로 얻을 수 있다. 만약 추리 문제에 자신이 있다면, 질문을 최소로 하여 범인을 찾아보는 것도 흥미로운 방법이다.

한 가지 팁을 추가하자면, 2023년 3월 기준으로 아직은 한글보다는 영어로 ChatGPT를 사용하는 것이 더 풍부한 답변을 받을 수 있다. 추리 게임을 진행할 때도 영어로 진행하는 것이 좋다. 그러나 영어로 추리 게임을 하게 되면 안 그래도 골치 아픈데, 이중으로 두뇌를 써야 한다. 이를 해결하기 위한 방법이 여럿 있으나, 필자는 두 가지를 추천한다. 먼저 번역 퀄리티가 중요할 경우에는 [그림 4-3]과 같이 deepl.com에서 인공지능 기반의 기계 번역 서비스를 무료로 이용하는 것이다.

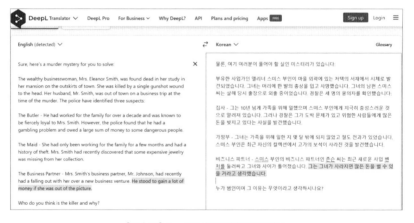

[그림 4-3] DeepL을 사용하여 한영 번역하기

이 외에도 크롬 확장 기능 중 영어를 실시간 번역해 주는 기능([그림 4-4]의 프롬프트 지니)도 있다. 번역의 퀄리티가 매우 좋아야 할 필요가 없는 경우에는 이를 활용해도 좋다.

[그림 4-4] 크롬 확장 번역 프로그램 중 하나

앞으로 계속 ChatGPT가 발전하며 더 많이 다국어를 지원할 것이고, 한글에 특화된 거대 언어 모델도 나오게 될 때까지는 당분간은 번역을 통해 ChatGPT와 대화를 해보자.

10만 유튜버 생성기

ChatGPT를 활용하여 이미 많은 유튜브가 만들어지고 있는 것을 아는가? 지금까지 본업 때문에 바빠서, 힘들어서, 부끄러워서 등 여러 핑계를 대가며 유튜브를 만들지 못했던 수많은 잠재적 10만 유튜버들은 고개를 들어 ChatGPT를 바라봐야 할 것이다. 이미 유튜브를 하고 있을지라도 여기의 내용은 앞으로 구독자 수를 크게 늘리는 데 직·간접적으로 도움이 될 것이다.

그럼 바로 예시를 통해 어떻게 유튜브 제작에 ChatGPT를 활용할 수 있는지를 살펴보자. 우리는 ChatGPT의 플러그인, API 등의 부가적인 프로그램을 통한 자동화의 관점보다는 일반인이 쉽게 접근할 수 있도록 유튜브 스크립트 생성 관점에서 접근할 것이다(이미 유튜브 제작 프로그램 설명서 관련 서적은 수없이 많다).

필자 인기 유튜브 크리에이터로 행동해 줘. 그리고 일상 생활에서 ChatGPT를 재미있게 사용하는 5가지 주제를 알려줘. 이 주제를 유튜브 제작에 사용하려고 해.

ChatGPT 안녕하세요, 여러분! 제가 바로 여러분의 ChatGPT인데요. 오늘은 제가 일상 생활에서 ChatGPT를 재미있게 사용하는 5가지 방법을 보여드리겠습니다.

주제 1
- **무작위 사실**: 저는 친구들과 공유할 수 있는 새롭고 기묘한 사실을 알기 위해 ChatGPT를 사용하는 것을 좋아합니다. 두 쌍둥이가 태어나는 데 가장 긴 시간이 87일이라는 사실을 알고 계셨나요? 신기하지 않나요?

주제 2

- **롤플레잉**: ChatGPT는 롤플레잉 게임에서 재미있는 파트너가 될 수 있습니다. 저는 때때로 ChatGPT가 세 가지 소원을 들어주는 마법의 지니라고 생각하고 싶을 때가 있습니다. 우스꽝스럽지만 시간을 보내는 좋은 방법입니다.

주제 3

- **가상 데이트**: 이상하게 들릴지 모르겠지만, 저는 가끔 ChatGPT를 사용하여 가상 데이트를 시뮬레이션하는 것을 좋아합니다. ChatGPT를 통해 다양한 시나리오를 상상해 보는 것도 재미있고, 유혹 기술을 연습할 수 있는 좋은 방법입니다!

주제 4

- **창의적인 글쓰기**: 창의적인 글쓰기 연습을 위한 글쓰기 프롬프트를 생성하는 데 ChatGPT를 사용하는 것을 좋아합니다. 가끔은 너무 기발하여 정말 독특한 글을 쓰도록 영감을 주는 프롬프트가 나오기도 합니다.

주제 5

- **영화 상식**: ChatGPT는 풍부한 영화 상식 지식을 제공합니다! 저는 ChatGPT를 사용하여 영화 지식을 테스트하고 친구들과 영화 퀴즈 대회에 도전하는 것을 좋아합니다.

여기까지입니다! 제가 일상에서 ChatGPT를 재미있게 사용하는 5가지 방법을 소개해 드렸습니다. '좋아요'를 누르고 구독 버튼을 누르는 것을 잊지 마시고, ChatGPT를 사용하는 다른 재미있는 방법이 있다면 댓글로 알려주세요. 시청해 주셔서 감사합니다!

나름 재미있는 주제들이다. 그중에서도 '가상 데이트' 주제가 눈길을 끈다. 과연 무슨 의미일까? 실제로 유튜브 스크립트를 만들어 달라고 해보자.

필자 'ChatGPT를 사용한 가상 데이트'에 대한 YouTube 스크립트를 만들어 줘.

ChatGPT

[제목: ChatGPT를 사용한 가상 데이트 - 연애의 미래?!]

[INTRO]

[경쾌한 음악이 배경에서 재생됨]

[영상에서 다양한 순간을 퀵 몽타주]

[장면이 페이드인하여 유튜버가 등장함]

유튜버: 안녕하세요, 여러분! 여러분이 가장 좋아하는 유튜버 [이름]가 또 다른 흥미로운 영상으로 돌아왔습니다! 처음 구독하신다면, 구독 버튼을 누르고 알림을 켜서 업데이트를 놓치지 마세요!

[동영상 본편으로 바로 가기]

유튜버: 오늘은 OpenAI에서 개발한 초고도 인공지능인 ChatGPT를 사용하여 가상 데이트의 매혹적인 세계를 탐험해 보겠습니다! 맞습니다, 여러분! 저희는 기술과 연애의 영역으로 뛰어들고 있으며, AI가 진정한 사랑을 찾는 데 정말 도움이 될 수 있는지, 아니면 적어도 재미를 느낄 수 있는지 알아볼 것입니다. 지금 시작해 보죠!

[전환: ChatGPT를 사용한 가상 데이트]

유튜버: ChatGPT가 정확히 무엇인가요? 간단히 말해, 사람의 언어를 이해하고 반응할 수 있는 인공지능 언어 모델입니다. 매우 다재다능하며 고객 지원부터 가상 데이트에 이르기까지 다양한 애플리케이션에 사용할 수 있습니다!

[그래픽: ChatGPT 로고]

유튜버: ChatGPT를 사용한 가상 데이트는 잠재적인 연애 파트너를 시뮬레이션하는 개인화된 AI 챗봇을 만드는 것입니다. 채팅을 하고, 시시덕거리고, 심지어 AI 파트너와 '데이트'를 할 수도 있습니다. 현실적인 부담 없이 데이트의 세계를 탐험할 수 있는 독특한 방법입니다.

[장면: ChatGPT 설정하기]

유튜버: 자, 이제 ChatGPT를 사용하여 우리만의 가상 데이트를 설정해 보겠습니다! 제가 과정을 안내해 드리고, 이 인공지능이 데이트 게임을 얼마나 잘하는지 확인해 보겠습니다.

[화면 녹화: ChatGPT 계정 만들기]

유튜버: 먼저 ChatGPT 플랫폼에서 계정을 만들어야 합니다. 카메라 밖에서 이미 만들었으니 준비는 끝났습니다. 이제 가상 파트너를 만들어 봅시다!

[화면 녹화: ChatGPT 날짜 사용자 지정하기]

유튜버: 상대의 성격 특성부터 관심사까지 원하는 대로 AI 데이트를 커스터마이징할 수 있습니다. 이번 실험에서는 재미있고 모험적이며 재치 있는 데이트를 만들어 보겠습니다. "사만다"라고 부르겠습니다.

[전환: 사만다와 대화하기]

유튜버: 이제 사만다를 설정했으니 사만다와 채팅을 시작하여 어떻게 되는지 살펴봅시다!

[화면 녹화: 채팅 인터페이스]

유튜버: [입력] "안녕하세요, 사만다, 만나서 반가워요! 우리 카페에서 가상 데이트를 하는 건 어때요?"

사만다(AI): "안녕하세요! 저도 만나서 반가워요! 가상 카페 데이트는 좋은 생각이네요. 어떤 커피를 좋아하세요?"

[유튜버의 반응으로 이동]

유튜버: 나쁘지 않죠? 사만다의 반응이 좋은 것 같으니 이 대화를 계속 이어가 보겠습니다.

[전환: 가상 카페 데이트]

유튜버: 자, 이제 사만다와 가상 카페 데이트를 시작하겠습니다. 좋아하는 영화, 취미 등에 대해 이야기를 나누며 사만다가 얼마나 대화를 잘하는지 알아볼 거예요.

[화면 녹화: 채팅 인터페이스]

유튜버: [입력] "사만다, 가장 좋아하는 영화는 무엇이고 이유가 무엇인가요?"

사만다(AI): "인공지능으로서 개인적인 취향은 없지만, 사람들이 자주 즐기는 인기 영화를 추천해 드릴 수 있습니다. 예를 들어, 「쇼생크 탈출」은 스토리텔링과 연기로 찬사를 받은 고전 영화입니다. 가장 좋아하는 영화는 무엇인가요?"

[유튜버의 반응으로 이동]

유튜버: 와, 꽤 사려 깊은 답변이네요! AI가 개인적인 취향을 갖고 있지 않은 것은 사실이지만, 사만다는 대화에 참여하는 데 매우 능숙합니다.

[전환: 취미 및 관심사]

유튜버: 이제 취미와 관심사에 대해 이야기해 보겠습니다. 사만다가 함께할 수 있는 재미있는 활동을 제안해 줄 수 있는지 봅시다!

[화면 녹화: 채팅 인터페이스]

유튜버: [입력] "사만다, 우리가 함께할 수 있는 재미있는 활동 추천해 줄래?"

사만다(AI): "물론이죠! 퍼즐과 도전을 함께 풀 수 있는 가상 방 탈출 게임을 해보는 건 어때요? 아니면 가상 요리 세션을 통해 새로운 레시피를 시도해 볼 수도 있어요. 어떻게 생각하는지 알려주세요!"

[유튜버의 반응으로 이동]

유튜버: 멋지네요! 사만다가 정말 창의적인 가상 데이트 아이디어를 제안했어요. 정말 감동적이었어요!

[아웃트로]

유튜버: 그래서 결론은 어떻게 되나요? ChatGPT를 통한 가상 데이트가 현실에서의 관계를 대체할 수는 없지만, 데이트와 대화의 세계를 탐험할 수 있는 재미있고 독특한 방법임에는 틀림없습니다. 또한 유혹을 연습할 수 있는 좋은 방법이기도 합니다.

우선 영어로 작성된 내용을 한글로 번역하면서 조금 오글거리는 표현들이 나타났다. 구성도 어떤 메시지를 주려고 하는지는 알겠으나, 사람들의 이목을 끌 정도의 콘텐츠는 아니었다. 즉, 이 내용을 그대로 유튜브로 만들 경우 주목받을 만한 유튜브 채널이 될지는 미지수다. 그렇지만 문장과 가상 여자 친구의 이름을 한글로 바꾸고, 사람이 귀에 무전기를 끼고 ChatGPT가 하는 말을 그대로 따라하여 데이트를 진행하는 콘텐츠를 만든다면 어떨까? ChatGPT의 유튜브 스크립트는 이런 방식으로 더 창의적인 내용의 콘텐츠를 만드는 데 기여할 수 있게 될 것이다. 여기서 스크립트의 대사들을 조금씩 손보고, 플롯을 구성하면 된다.

여러분도 분명 할 수 있다. 필자도 주변에서 너무 유명해질까 봐 (?) 또는 너무 엉성한 유튜브 영상이 나올까 봐 유튜브를 망설이는 사람들을 많이 봤다. 그러나 유명해지기는 쉽지 않다. 그리고 많은 사람들이 유튜브 영상에 대해 크게 기대하지도 않는다. 유튜브 영상 제작과 업로드는 대회에 작품을 출품하는 것이 아니다. 따라서 부담 없이 평소 관심 분야에서 즐겁고 꾸준하게 할 수 있는 주제를 찾고, ChatGPT를 활용하여 좀 더 편하게 시작해 보는 것은 어떨까? 혹시 아는가? 이를 통해 여러분이 새로운 삶을 살게 될지도 모른다.

23 내 아이가 등장하는 동화책 만들기

필자

재미있는 동화를 만들고 싶어. 제목과 이야기를 5줄로 요약하여 알려줘.

ChatGPT

재미있는 동화의 제목과 요약은 다음과 같습니다.
제목: 마법에 걸린 붓
- **줄거리**: 작은 마을에 아름다운 걸작을 그리는 꿈을 가진 젊은 화가가 살았어요. 어느 날, 화가는 그림에 생명을 불어넣는 마법의 붓을 선물받게 됩니다. 처음에 화가는 자신의 작품이 살아 움직이는 것을 보고 감격하지만, 곧 자신의 그림이 마을에 혼란을 야기한다는 사실을 깨닫게 됩니다. 현명한 노 현자의 도움으로 화가는 붓의 마법을 제어하고 선하게 사용하는 방법을 배우게 됩니다. 두 사람은 함께 마을에 평화와 화합을 가져올 벽화를 그리기 위한 여정을 떠납니다. 그 과정에서 화가는 큰 힘에는 큰 책임이 따르며, 자신의 예술이 세상에 커다란 영향을 미칠 수 있다는 사실을 깨닫게 됩니다.

필자

6살인 아들의 이름은 "하률"이야. 내 아들을 다음 동화의 주인공으로 만들어 줘. 중간에 삽화로 넣을 그림은 '[ ]'로 표시하고, 안에 그림 내용을 자세히 묘사해 줘. 그림은 총 3개를 넣고 싶어.

제목: 마법에 걸린 붓
- **줄거리:** 작은 마을에 아름다운 걸작을 그리는 꿈을 가진 젊은 화가가 살았어요. 어느 날, 화가는 그림에 생명을 불어넣는 마법의 붓을 선물받게 됩니다. 처음에 화가는 자신의 작품이 살아 움직이는 것을 보고 감격하지만, 곧 자신의 그림이 마을에 혼란을 야기한다는 사실을 깨닫게 됩니다. 현명한 노 현자의 도움으로 화가는 붓의 마법을 제어하고 선하게 사용하는 방법을 배우게 됩니다. 두 사람은 함께 마을에 평화와 화합을 가져올 벽화를 그리기 위한 여정을 떠납니다. 그 과정에서 화가는 큰 힘에는 큰 책임이 따르며, 자신의 예술이 세상에 커다란 영향을 미칠 수 있다는 사실을 깨닫게 됩니다.

ChatGPT

제목: 마법에 걸린 붓

옛날 옛적, 시골의 한 작은 마을에 하률이라는 어린 화가가 살았어요. 하률이는 겨우 여섯 살이었지만, 이미 엄청난 재능을 가진 화가였습니다. 하률이는 매일 몇 시간씩 캔버스에 그림을 그리며 모든 사람의 마음을 사로잡을 명작을 그릴 날을 꿈꿨습니다.

[그림 1: 자갈길과 고풍스러운 집들이 있는 작은 마을, 중앙에 아름다운 공원이 있습니다. 곱슬머리에 초롱초롱한 눈망울을 가진 어린 소년 하률이가 벤치에 앉아 캔버스에 다채로운 장면을 그리고 있습니다.]

[그림 4-5]
DALL-E2로 [그림 1]의 캡션을 입력하여 생성한 그림

어느 날, 하률이가 공원에서 그림을 그리고 있을 때 한 노인이 다가왔습니다. 길고 흰 수염을 기른 노인의 눈에는 반짝임이 있었어요. 그는 하률에게 신비하고 낡아 보이는 붓을 건네며 그림에 생명을 불어넣을 수 있는 마법의 붓이라고 말했습니다.

처음에 하률은 회의적이었지만, 그 붓으로 아름다운 나비를 그리자 나비가 캔버스에서 바로 현실 세계로 날아갔어요. 너무 기뻐서 더욱 환상적인 작품을 그리기 시작했고, 눈앞에서 생동감 넘치는 작품들이 하나씩 탄생했습니다.

[그림 2: 경외감으로 가득 찬 얼굴의 하률이가 마법에 걸린 붓으로 캔버스에서 날아오르는 장엄한 나비를 그리자 날개가 생생한 색채로 반짝입니다.]

[그림 4-6]
DALL-E2로 [그림 2]의 캡션을 입력하여 생성한 그림

하지만 하률의 작품이 늘어나기 시작하자 마을에는 혼란이 찾아왔어요. 그가 그린 늑대 무리가 거리를 돌아다니며 마을 사람들을 겁에 질리게 했죠. 마을 광장에 폭풍우가 몰아치고 거대한 용이 마을 전체를 잿더미로 만들겠다고 위협했어요. 하률이는 자신이 의도치 않게 일으킨 혼란을 막기 위해 뭔가를 해야 한다는 것을 알았습니다.

도움이 절실했던 하률이는 마을 어귀에 사는 현명한 노 현자를 찾아갔어요. 노 현자는 하률이가 마법에 걸린 붓과 그로 인한 혼란에 대해 이야기하는 것을 열심히 들었어요. 노 현자는 하률이가 붓의 마법을 제어하고 선하게 사용하는 방법을 배울 수 있도록 도와주기로 약속했어요.

하률과 현명한 노 현자는 함께 마을에 평화와 화합을 가져올 벽화를 그리기 위한 여정을 떠났어요. 여행을 하면서 하률이는 책임감의 중요성과 자신의 예술이 주변 세계에 미칠 수 있는 깊은 영향력을 배웠습니다.

[그림 3: 하률과 현명한 노 현자가 나란히 서서 마을의 큰 벽에 멋진 벽화를 그리고 있습니다. 벽화에는 마을 사람들의 화합과 단결, 사랑의 장면이 그려져 있으며, 주변에는 아름다운 풍경과 마법 같은 생물들이 그려져 있습니다.]

[그림 4-7]
DALL-E 2로 [그림 3]의 캡션을 입력하여 생성한 그림

마침내 벽화가 완성됐습니다. 마지막 붓질이 캔버스에 닿자 마을의 혼란이 가라앉았습니다. 늑대들이 숲으로 물러나고 홍수가 물러가고 용이 하늘로 사라졌습니다. 마을 사람들은 아름다운 벽화를 감상하기 위해 모여들었고, 마을은 새로운 평화와 단결의 분위기로 가득 찼습니다.

하률이는 큰 힘에는 큰 책임이 따른다는 것을 깨달았습니다. 그날부터 하률이는 자신의 예술이 주변 사람들에게 미칠 수 있는 강력한 영향력을 항상 염두에 두고 세상에 기쁨과 행복을 선사하기 위해 마법에 걸린 붓을 사용하겠다고 다짐했습니다. 그렇게 하률이는 사랑받는 화가가 되었고, 그의 매혹적인 작품들은 오랫동안 이 작은 마을에 빛과 사랑을 가져다 주었습니다.

하률이가 책임감을 배울 수 있는 여정에 대해서는 자세히 구체화되어 있지 않다. 그럼 이 여정을 구체화해 보자.

필자

'하률과 현명한 노 현자가 함께 마을에 평화와 화합을 가져다 줄 벽화를 그리기 위한 여정'을 구체적으로 설명해 줘.

ChatGPT

하률과 현명한 노 현자는 함께 마을에 평화와 화합을 가져다 줄 벽화를 그리기 위한 여정을 떠났어요. 두 사람은 숲과 구불구불한 언덕, 반짝이는 시냇물을 건너며 걸작의 영감을 얻기 위해 여행을 떠났어요. 여행하는 동안 노 현자는 예술의 힘과 책임의 중요성에 대한 지혜와 지식을 공유했습니다.

그러던 어느 날, 두 무리의 동물이 한정된 먹이를 두고 다투고 있는 공터를 우연히 발견했습니다. 하률이는 그 광경을 지켜보면서 문제를 해결하도록 돕고 싶다는 강한 열망을 느꼈습니다. 현명한 노 현자는 마법에 걸린 붓으로 동물들이 서로 먹이를 나누며 조화롭게 살아가는 단합과 협력의 장면을 그리자고 제안했습니다.

하률이가 그림을 그리자 공터에 있던 동물들이 그림 속 동물의 행동을 따라하기 시작했고, 곧 동물들은 서로 먹이를 나누며 평화롭게 살아갔어요. 이런 변화를 목격한 하률이는 자신의 예술이 주변 세상에 얼마나 커다란 영향을 미칠 수 있는지 깨달았습니다. 노 현자는 고개를 끄덕이며 하률에게 자신의 작품이 치유와 통합의 힘을 가질 수도 있지만, 해를 끼치고 분열을 일으킬 수도 있음을 상기시켰습니다.

하률과 노 현자는 여행하는 동안 마법에 걸린 붓을 사용하여 긍정적인 변화를 가져올 수 있는 다양한 상황을 마주했습니다. 메마른 마을에 생명을 불어넣는 물을 그리고, 불화하던 두 공동체를 이어주는 다리를 만들고, 황량한 풍경을 환하게 밝혀주는 꽃을 그렸습니다. 그때마다 하률이는 붓을 선하게 사용할 수 있다는 자신감이 커졌지만, 그런 힘을 발휘하는 데 따르는 책임감도 잊지 않았습니다.

마침내 마을로 돌아온 두 사람은 마을 사람들에게 평화와 화합을 가져다 줄 벽화를 그릴 준비를 마쳤습니다. 그들은 마을 광장의 큰 벽을 선택했는데, 모두가 이 걸작을 보고 그 가치를 상기할 수 있는 장소였습니다. 하률과 노 현자는 마을 사람들의 사랑과 단결, 협력 그리고 한때 혼란을 야기했던 마법의 생명체들의 모습을 함께 그리면서 붓을 완벽하게 조화롭게 움직였습니다.

벽화가 완성될 무렵, 하률이는 현명한 노 현자로부터 배운 교훈에 대해 깊은 감사를 느꼈습니다. 그는 자신이 놀라운 재능을 받았다는 것을 알고 있었지만, 그 재능을 책임감 있게 사용하는 것이 중요하다는 것도 깨달았습니다. 그리고 하률이는 붓을 휘두를 때마다 마법에 걸린 붓으로 세상에 기쁨과 평화, 조화를 가져다주기 위해 더욱 헌신하게 됐습니다.

이제 전체 이야기를 합치면, 제법 스토리라인이 탄탄한 동화책을 만들 수 있다. 중간에 DALL-E 2를 통해 인공지능이 그림을 그리도록 했는데, 이를 사용하고자 한다면 다음 사이트를 방문하여 키워드를 입력하면 된다([그림 4-8] 참고).

[그림 4-8] DALL-E 2를 사용하기 위한 사이트(https://openai.com/product/dall-e-2)

[그림 4-8]의 화면에서 Try DALL-E 버튼을 클릭하면, 회원 가입 및 로그인이 가능하다. 구글 계정, 마이크로소프트 계정으로도 사용이 가능하다. [그림 4-9]와 같이 로그인 또는 회원 가입을 통해 사이트에 로그인하게 되면, 프롬프트를 통해 원하는 그림을 요청할 수 있다. 2023년 3월 기준으로 매달 15개의 무료 크레디트를 받을 수 있으며, 그림을 그릴 때마다 크레디트를 사용하게 된다.

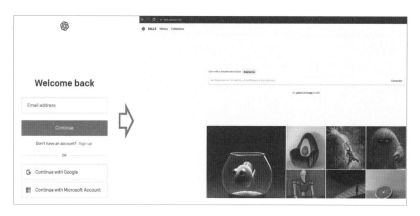

[그림 4-9] DALL-E 2 사이트에서 로그인(왼쪽) 및 프롬프트 작성 화면(오른쪽)

[그림 4-9]의 왼쪽 화면에서 로그인을 완료했다면, 오른쪽 화면으로 이동하게 되는데, 검색창과 비슷한 프롬프트 입력창에 그리고자 하는 내용을 자연스럽게 서술하면 된다. DeepL이나 구글 번역기 창에서 한글로 서술한 내용을 영어로 바꾼 후 복사하여 명령 프롬프트 창에 붙여 넣으면 누구나 쉽게 그림을 그릴 수 있다.

이로써 아이가 등장하는 동화책을 만들어 봤다. 예시로 3개의 그림만 만들었으나, 5개, 10개 등 원하는 만큼 ChatGPT에 그림을 묘사해 달라고 할 수도 있다. 이후에는 인공지능 생성 모델을 사용하여 그림을 생성하거나 직접 그림을 그려서 채워 넣어 자신만의 동화책을 만드는 것도 큰 의미가 있을 것이다.

참고로 그림을 생성하는 인공지능 생성 모델은 종류가 다양하다. 최근 버전 5가 나와 손 묘사, 실사 묘사에도 성능이 상당히 개선된 미드저니가 유명하다. DALL-E 2 역시 OpenAI사에서 출시한 서비스로 사용이 상당히 간편하여 이 책에서 소개했다. 또한 필자가 집필 중인 책에서 다루는 'Stable Diffusion'을 사용하면, 실사, 그림, 애니메이션 등 다양한 형태의 그림을 개인 PC에서도 생성할 수 있다. 이 외에도 Adobe의 파이어플라이, NVIDIA 피카소 등 다양한 생성 AI 모델들이 많으니 여러 플랫폼들을 사용해 보면서 자신에게 맞는 모델을 찾아가는 것이 중요하다.

24 복잡한 개념이나 문서들 요약하기

ChatGPT의 많은 용도 중 하나는 내용 요약이다. 복잡한 문서나 개념도 ChatGPT를 통해 원하는 분량으로 요약할 수 있기 때문이다. 다음은 '컴퓨터'의 정의를 위키피디아에서 검색하여 한 문단을 가져온 내용이다. 이 내용을 한 문장으로 요약시켜 보도록 하겠다.

필자

다음 텍스트를 한 문장으로 요약해 줘.

컴퓨터는 일련의 산술 또는 논리적 연산(계산)을 자동으로 수행하도록 프로그래밍할 수 있는 기계입니다. 최신 디지털 전자 컴퓨터는 프로그램이라고 하는 일반적인 연산 집합을 수행할 수 있습니다. 이런 프로그램을 통해 컴퓨터는 다양한 작업을 수행할 수 있습니다. 컴퓨터 시스템은 전체 동작에 필요하고 사용되는 하드웨어, 운영 체제(기본 소프트웨어) 및 주변 장비를 포함하는 명목상 완전한 컴퓨터입니다. 이 용어는 컴퓨터 네트워크 또는 컴퓨터 클러스터와 같이 서로 연결되어 함께 동작하는 컴퓨터 그룹을 지칭할 수도 있습니다.

ChatGPT

컴퓨터는 프로그램을 사용하여 산술 또는 논리 연산을 자동으로 실행하는 프로그래밍 가능한 기계며, 컴퓨터 시스템은 완전한 기능에 필요한 하드웨어, 운영 체제, 주변 장비, 네트워크 또는 클러스터 연결을 포함합니다.

가장 핵심적인 내용을 잘 요약했다. 이런 요약 방식은 평소에 ChatGPT와 대화할 때도 잘 활용할 수 있는 기법이다. 만약 ChatGPT에게 '컴퓨터가 동작하는 원리'에 대해 물어봤다고 가정하자. 때로는 대답이 상당히 길어서 중요하지 않은 내용을 파악하는 데도 시간이 많이 걸리는 경우가 있다.

필자　컴퓨터가 동작하는 원리에 대해 설명해 줘.

ChatGPT　컴퓨터는 일련의 전자 부품을 통해 데이터를 처리하고 프로그램이라고 하는 일련의 지침에 따라 다양한 작업을 실행하는 방식으로 동작합니다. 컴퓨터의 핵심에는 산술 및 논리 연산을 수행하여 명령을 수행하는 중앙 처리 장치(CPU)가 있습니다. CPU는 메모리에서 명령을 가져와서 디코딩한 다음 적절한 작업을 실행합니다.

데이터는 RAM(랜덤 액세스 메모리)과 같은 메모리에 저장되어 정보에 빠르게 액세스할 수 있습니다. 키보드나 마우스와 같은 입력 장치는 사용자 입력을 제공하고, 모니터나 스피커와 같은 출력 장치는 결과를 표시합니다. 컴퓨터의 운영 체제(OS)는 리소스를 관리하고 하드웨어 구성 요소를 조정하며 애플리케이션 실행을 제어합니다.

컴퓨터는 0과 1만을 사용하는 숫자 체계인 바이너리 코드를 사용하여 데이터와 명령을 표현합니다. 트랜지스터라고 하는 전자 회로는 스위치 역할을 하여 컴퓨터가 다양한 논리 연산을 통해 바이너리 코드를 조작할 수 있도록 합니다. 궁극적으로 하드웨어, 소프트웨어, 데이터 처리의 복잡한 상호 작용을 통해 컴퓨터는 다양한 작업을 수행할 수 있습니다.

이렇게 내용이 길면, 모든 내용을 파악하는 데 시간이 많이 걸린다. 이런 경우에는 먼저 내용을 자신이 소화할 수 있는 분량으로 읽어보고, 더 이해해야 하는 내용이 있다면 점차 분량을 늘려가며 공부하는 것을 추천한다. 위의 상황에서는 "위의 내용을 5줄로 요약해

쥐"라고 하면, 이전 응답을 짧게 요약해 준다.

필자

위의 내용을 5줄로 요약해 줘.

ChatGPT

컴퓨터는 중앙 처리 장치(CPU)를 사용하여 데이터를 처리하고 명령어(프로그램)에 따라 작업을 실행합니다. 데이터는 메모리에 저장되며 입력 및 출력 장치는 사용자 상호 작용을 용이하게 합니다. 운영 체제는 리소스를 관리하고 애플리케이션을 제어합니다. 컴퓨터는 데이터 표현과 조작을 위해 바이너리 코드와 트랜지스터에 의존합니다. 이런 하드웨어, 소프트웨어, 데이터 처리의 조합을 통해 다양한 기능을 구현할 수 있습니다

훨씬 내용이 간결해졌다. 요약은 복잡한 개념에 대한 이해뿐만 아니라 귀찮은 업무에도 활용할 수 있다. 다음은 한 회의에서 작성한 회의록의 일부 내용을 발췌한 것이다.

ChatGPT

[회의록]
주요 발언 및 심의 내용
○ 의사진행 <사회자>
　• 회의진행 순서(참석위원 소개, 개회선언 및 인사말씀, 심의안건 논의)
　• 위원인사
○ 개회 <위원장>
　• 정원 과반수 이상 참석했으므로 성원됨
　• 오늘 평가심의회 상정된 안건은 공공기록물 관리에 관한 법률에 따라 3단계 평가를 거침
　• 오늘 상정 안건은 보존기간이 경과한 기록물 총 20,000권임
○ 안건설명 <사회자>
　• 기록물의 보존가치를 평가하여 보류, 보존기간재책정, 폐기를 결정하는 심의
　• 기관 및 처리과 공통업무, 보존기간표, 자방자치단체 기록관리기준표 표준 등에 의거 심의

- 기록물에 대한 행정적 가치, 역사적 가치, 증빙적 가치를 고려하여 심의해 주시면 됨
- 심의회 결과 폐기 의결 기록물은 물리적인 파쇄, 보류는 2년 후 평가, 재책정 의결은 해당 보존기간으로 재책정되어 보존됨

○ 추진경과 설명 <전문요원>
- 4월 27일 ~ 5월 15일까지 처리과 의견조회 진행, 주로 기록물의 업무 활용성, 증빙 가치를 기준으로 평가
- 5월 15일~ 6월 19일까지 전문요원의 심사 진행
- 전문요원 심의 결과(폐기: 12,000권, 재책정: 3,000권, 보류: 800권)

○ 심의
- **폐기 설명**(전문요원): 폐기 대상 기록물은 전 부서 심사 결과 12,000권임 폐기는 2019년 기준으로 보존기간이 만료됐으며, 더 이상 보존가치가 없는 기록물들을 폐기로 평가함
- **위원1**: 평가에 이의가 있지는 않으나, 폐기 기록물 중 마을 기록에 관련한 사항이 간혹 있는 것으로 보임 (영일시장철, 영등포 구조물 설치철 등)
- **전문요원**: 주로 중요한 문서는 재책정으로 됐고, 해당 문서들은 일상업무, 예를 들어 출장관련, 민원관련 철 등입니다. 말씀하신 문서 5권은 다시 한 번 실물 확인 후 처리할 수 있도록 하겠습니다.
- **재책정 설명**(전문요원): 3,000권이 재책정으로 평가됨. 현재 책정되어 있는 보존기간에 오류가 있거나 생산 당시 가치평가가 절하된 기록물들에 대해 보존기간 상향함
- **위원2**: 전자문서로 생산되는 기록물들은 폐기를 어떻게 하는가?
- **전문요원**: 아직 전자문서 폐기는 활발히 이뤄지지 않은 상태
- **보류 설명**(전문요원): 보류 평가된 800권 기록물에 대한 사항 보류는 현재 책정된 보존기간에 오류는 없으나, 향후 업무 참고 및 민원대응 등을 위해 잠시 폐기 보류
- **위원3**: 부서에서는 보류를 1,000권 했는데 전문요원 평가가 줄어든 이유는?
- **전문요원**: 부서에서는 보존기간 확인을 명확하게 하기 힘든 경우도 있고, 전문요원 심의 당시 역사적인 가치 여부도 함께 평가하기 때문에 차이가 발생됨. 또한 보류로 되어 있는 것을 최소화하고 적정 보존기간을 책정하는 것이 향후 관리에 도움이 되기 때문에 그렇게 진행하고 있음. 부서에서 보류로 평가한 것들은 폐기

이런 회의록이 수백 개나 있는데, 모두 짧은 시간 내에 파악해야
한다면 어떻게 하면 좋을까?

필자

위의 회의록 내용을 10줄 이내로 요약해 줘.

ChatGPT

요약

공공기록물 관리법 지침에 따라 보존기간이 만료된 20,000건의 기록물을 평가
하기 위해 회의가 소집됐습니다.

심의는 행정적, 역사적, 증거적 가치에 중점을 두어 기록의 폐기, 재배치 또는 보
유를 결정합니다.

- **결과**: 12,000건 폐기, 2,000건 재책정, 800건 보류

회원들은 특정 마을 기록과 전자문서 폐기에 대해 우려를 제기하고, 전문가가 이
를 해결합니다.

보유 기록물에 대한 부서와 전문가 평가의 차이는 보존기간 식별 문제와 역사적
가치 평가에 기인합니다.

내용 요약 실력이 수준급이다. 이렇게 내용에 상관없이 ChatGPT
를 활용하면, 복잡한 문서나 내용을 원하는 분량으로 요약할 수 있
다. 다만, 요약하고자 하는 문서 내용이 보안 자료라면, 보안에 위
배되지 않도록 주의를 요해야 한다. 보안에 유의하여 문서 요약에
ChatGPT를 사용한다면, 업무 시간을 단축할 수 있고, 더 생산적이고
창의적으로 남은 시간들을 활용할 수 있을 것이다.

25 이미지를 읽어서 내용을 파악하게 해보자!

    ChatGPT를 활용한 다양한 서비스들이 우후죽순 등장하고 있다. 그중 국내의 한 기업에서는 OCR(광학 문자 인식, 사람이 쓰거나 기계로 인쇄한 문자의 영상을 이미지 스캐너로 획득하여 기계가 읽을 수 있는 문자로 변환하는 것)을 ChatGPT API와 접목시켜 사진에서 글씨를 읽고, 이를 ChatGPT에 넣도록 했다. 이를 사용하면, 이미지에서 글씨를 추출하여 이미지 내용을 요약할 수 있다.

    우선 사용을 위해 카카오톡에서 'Askup'을 검색한다.

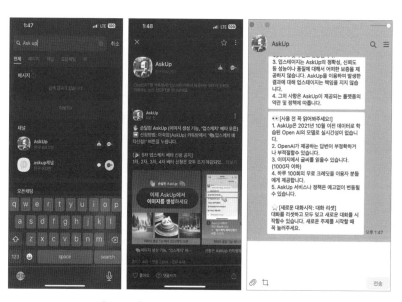

[그림 4-10] 카카오톡에서 'AskUp' 채널 검색 후 채팅 시작

채널을 등록하고 채팅을 시작하면, 간단하게 사용이 가능하다. 그럼 과연 어떤 일을 할 수 있는지 살펴보자.

필자

다음 이미지 내용을 요약해 줘.

IFRS(연결)	2019/12	2020/12	2021/12	2022/12	전년동기	전년동기(%)
매출액	2,304,009	2,368,070	2,796,048	3,022,314	2,796,048	8.1
매출원가	1,472,395	1,444,883	1,664,113	1,900,418	1,664,113	14.2
매출총이익	831,613	923,187	1,131,935	1,121,896	1,131,935	-0.9
판매비와관리비	553,928	563,248	615,596	688,130	615,596	11.8
영업이익	277,685	359,939	516,339	433,766	516,339	-16.0
영업이익(발표기준)	277,685	359,939	516,339	433,766	516,339	-16.0
금융수익	101,616	122,676	85,432	208,290	85,432	143.8
금융원가	82,749	113,181	77,046	190,277	77,046	147.0
기타수익	17,787	13,841	22,057	19,621	22,057	-11.0
기타비용	14,147	24,889	20,560	17,902	20,560	-12.9
종속기업,공동지배기업및관계기업관련손익	4,130	5,065	7,296	10,906	7,296	49.5
세전계속사업이익	304,322	363,451	533,518	464,405	533,518	-13.0
법인세비용	86,933	99,373	134,444	-92,136	134,444	적자전환
계속영업이익	217,389	264,078	399,075	556,541	399,075	39.5
중단영업이익						
당기순이익	217,389	264,078	399,075	556,541	399,075	39.5
지배주주순이익	215,051	260,908	392,438	547,300	392,438	39.5
비지배주주순이익	2,338	3,170	6,637	9,241	6,637	39.2

AskUp

제가 보기에 이 이미지는 재무제표일 것 같습니다. 재무제표 내용을 요약해 드리면 다음과 같습니다.

- 매출액은 2019년 대비 2022년까지 증가하고 있습니다.
- 2019년 대비 2022년까지 매출원가가 증가하고 있습니다.
- 2019년 대비 2022년까지 판매비와 관리비가 증가하고 있습니다.
- 2019년 대비 2022년까지 영업이익이 감소하고 있습니다.
- 2022년에는 법인세비용을 제외한 계속영업이익이 적자로 전환됐습니다.
- 2019년 대비 2022년까지 당기순이익이 감소하고 있습니다.

정확하게 맞췄다. 사실 필자가 전송한 이미지는 ○○전자의 재무제표의 일부였다. 이렇게 이미지에서 중요한 텍스트를 OCR 기술로 뽑아서 ChatGPT를 통해 텍스트를 인식시키고 요약을 거친 것이다.

뿐만 아니라 ChatGPT의 번역 능력과 OCR 글자 인식을 결합하면, 영어 팸플릿에서 중요한 내용들만 요약하여 번역할 수도 있다.

필자

다음 영어 팸플릿을 요약 및 번역해 줘.

[그림 4-11] 영어 팸플릿 요약 예

AskUp

"귀하가 미국에서 일시적으로 일하거나 공부하기 위해 비영주 비자를 신청한 경우 이 팸플릿을 받게 됩니다. 이 팸플릿은 미국에 도착했을 때 귀하의 권리를 이해하는 데 도움이 됩니다. 비록 귀하는 미국에서 일시적으로 생활하게 될지라도 미국 시민 및 거주자가 갖고 있는 많은 기본적인 직장권리를 갖고 있습니다. 이 팸플릿은 귀하의 기본적인 직장권리 개요를 제공합니다. 귀하의 권리를 이해하면, 학대로부터 자신을 보호하는 데 도움이 됩니다. 도움이 필요할 경우 이 팸플릿에 기재된 핫라인 중 하나에 전화하세요. 이 팸플릿은 귀하가 최악의 학대, 예를 들어 인신매매로부터 자신을 보호하는 데도 도움이 됩니다. 인신매매는 고용주나 다른 개인이 신체적 또는 심리적 학대를 통해 개인이 상황을 떠날 수 없다고 느끼도록 하는 현대적인 노예제입니다. 학대적인 고용 상황에 처했다면, 도움을 받기 위한 첫 번째 단계는 학대 상황을 인식하는 것입니다. 미국에 도착하고 직장에서 문제가 발생한 경우 이 팸플릿을 갖고 문제 해결에 도움을 받을 수 있습니다."

OCR 기술은 예전부터 광범위하게 활용되던 기술로 여기에 ChatGPT API를 사용하는 것은 수많은 기업들에서 이뤄지고 있다. 앞으로 더 많은 서비스들이 거대 언어 모델과 결합되어 등장할 것이다. 이에 앞서 다양한 서비스들을 활용해 보고, 자신의 업무에 창의적으로 적용할 줄 아는 능력은 자신의 역량과 생산성을 키우는 데 큰 도움이 될 것이다.

26 이제 대학교 과제도 ChatGPT에게 1대1 과외받자!

필자는 전자전기공학을 전공했고, 대부분의 과제들이 프로그래밍, 실험, 이론 문제들이었다. 세상에는 다양한 전공들이 있고, 주제가 다양하므로 모든 전공의 과제들을 여기서 다루기는 어렵다. 그러나 교양 과목, 글쓰기, 프레젠테이션, 조별 과제 등의 과제들에서 유용하게 ChatGPT를 사용할 수 있는 부분을 소개하고자 한다. 만약 코딩을 해야 하는 과제가 많다면, ChatGPT를 활용할 수 있는 다양한 방법들에 대해 쓴 『개발자를 위한 챗GPT 활용법』 책을 읽어보기를 추천한다. 이 책은 과제를 넘어 실제 개발 업무에서도 활용 가능한 다양한 방법들을 소개하고 있다.

여기서는 교양 과목 중 '조별 과제'로 "기업의 ChatGPT 활용 방법"을 조사하여 발표하는 것을 가정하여 어떻게 대학교 과제를 ChatGPT를 활용하여 수행할 수 있는지 예시를 들어보겠다.

먼저 ChatGPT에 과제 수행을 위한 절차를 물어보자.

필자

'조별 과제'로 "기업의 ChatGPT 활용 방법"을 조사하여 발표하고자 해. 어떤 과정으로 과제를 진행하면 좋을까?

ChatGPT

팀 프로젝트로 "기업의 ChatGPT 활용 방법"을 조사하고 발표하려면, 다음 단계를 따라 종합적이고 체계적이며 매력적인 프레젠테이션을 준비하세요.

팀을 구성합니다:
연구, 글쓰기, 디자인, 프레젠테이션 등 다양한 기술을 가진 사람들을 모아 팀을 구성하세요.

목표를 정의합니다:
프로젝트의 목표를 명확하게 정의하세요. 개요를 제공하거나 구체적인 사용 사례를 소개하거나 ChatGPT가 비즈니스에 미치는 영향을 분석하고 싶다면, 연구 범위와 해결하고자 하는 주요 질문을 설정하세요.

작업을 할당합니다:
팀원들의 기술과 관심사에 따라 업무를 분담합니다. 조사 수행, 조사 결과 요약, 시각 자료 제작, 프레젠테이션 준비 등의 작업이 포함될 수 있습니다.

리서치를 수행합니다:
다양한 산업에서 ChatGPT와 그 적용에 대한 정보를 수집하는 것으로 시작합니다. 몇 가지 잠재적인 정보 출처는 다음과 같습니다.

OpenAI의 공식 웹사이트 및 블로그
- ChatGPT 및 관련 기술에 대한 학술 논문 또는 기사
- ChatGPT를 사용하는 기업의 사례 연구 또는 성공 스토리
- 비즈니스에서 ChatGPT의 사용에 대해 논의하는 뉴스 기사 및 업계 보고서

조사 결과를 분석하고 정리합니다.
산업, 애플리케이션 또는 영향력에 따라 결과를 분류하세요. 기업들이 ChatGPT를 어떻게 효과적으로 사용하고 있는지 보여주는 패턴, 트렌드, 주목할 만한 사례를 찾아보세요.

개요를 작성합니다.

프레젠테이션을 위한 명확한 구조를 개발하세요. ChatGPT 소개, 활용 사례, 사례 연구, 향후 발전 가능성 등의 섹션으로 콘텐츠를 구성하세요.

비주얼을 디자인합니다.

슬라이드, 인포그래픽 또는 동영상과 같은 매력적인 시각 자료를 만들어 리서치를 보완하고 프레젠테이션을 향상시키세요. 시각 자료는 명확하고 간결하며 시각적으로 매력적이어야 합니다.

프레젠테이션 스크립트를 작성합니다.

프레젠테이션 스크립트 초안을 작성하여 체계적이고 명확하며 흥미를 끌 수 있도록 하세요. 조사하고자 하는 목표와 주요 질문에 대한 답을 제시해야 합니다.

리허설과 다듬기를 합니다.

타이밍, 전달력, 청중의 참여에 중점을 두고 팀으로 프레젠테이션을 연습하세요. 팀원들의 피드백을 바탕으로 스크립트나 시각 자료를 필요한 대로 조정합니다.

조사 결과를 발표합니다.

대면, 가상 또는 녹화된 비디오를 통해 의도한 청중에게 프레젠테이션을 전달합니다. 질문에 답하고 조사 결과에 대한 토론에 참여할 준비를 하세요.

출처를 인정하고 팀원들과 효과적으로 협업하여 기업들이 ChatGPT를 어떻게 사용하고 있는지에 대한 고품질의 유익한 프레젠테이션을 만드는 것을 잊지 마세요.

ChatGPT가 설명해 준 대로 과제 해결 절차를 따라 팀 내 목표를 "기업의 ChatGPT 활용 방법" 발표로 잡고 역할을 분담해 보자.

필자 우리는 총 4명인데 성진이는 디자인을 잘하고, 희영이는 글을 잘쓰고, 동석이는 발표를 잘해. 그리고 나는 자료 조사를 잘해. 어떻게 역할을 분담하면 좋을까?

ChatGPT

팀원들의 강점을 고려할 때 다음과 같이 역할을 나눌 수 있습니다.

성진(디자인):

성진이는 슬라이드, 인포그래픽, 동영상과 같은 매력적인 비주얼을 제작하여 리서치를 보완하고 프레젠테이션을 향상시키는 데 집중할 수 있습니다. 또한 프레젠테이션의 전체적인 레이아웃과 스타일을 디자인하는 데 도움을 줄 수 있습니다.

희영(글쓰기):

희영이는 프레젠테이션 스크립트 초안을 작성하여 체계적이고 명확하며 매력적인 내용을 담을 수 있습니다. 또한 연구 결과의 요약이나 주요 결과에 대한 설명을 작성하는 데 도움을 줄 수 있습니다. 또한 최종 발표 내용을 교정하고 편집하여 명확성과 일관성을 확보할 수 있습니다.

동석(발표):

동석이는 발표에 집중할 수 있습니다. 리허설에 참여하고 피드백을 바탕으로 프레젠테이션을 다듬어야 합니다. 또한 희영이와 긴밀히 협력하여 대본을 숙지하고 연구 결과를 이해하여 자신감 있게 질문에 답하고 청중과 토론에 참여해야 합니다.

귀하(연구자):

리서치 담당자는 ChatGPT와 다양한 산업에서의 적용 사례에 대한 정보 수집을 담당합니다. 여기에는 학술 논문, 사례 연구, 뉴스 기사 및 기타 관련 출처를 찾는 것이 포함됩니다. 또한 산업, 애플리케이션 또는 영향력에 따라 결과를 분류하여 분석하고 정리합니다.

팀원 간의 협업은 프로젝트의 성공에 매우 중요합니다. 모든 사람이 서로의 진행 상황을 인지하고 열린 커뮤니케이션 라인을 유지해야 합니다. 정기적인 팀 회의를 예약하여 결과를 논의하고, 업데이트를 공유하고, 작업을 조율할 수 있습니다. 팀원들이 함께 협력하고 각자의 강점을 활용하면, 기업이 ChatGPT를 어떻게 사용하고 있는지에 대한 포괄적이고 체계적이며 매력적인 프레젠테이션을 만들 수 있을 것입니다.

팀 내 역할이 결정됐다. 그럼 이제 자료를 조사해 보자. 여기서는 지면 관계상 간단하게 내용을 조사하여 정리하도록 해보자.

필자

기업들이 어떻게 ChatGPT를 활용할 수 있는지 3가지 방법을 각각 1문장으로 요약해 줘.

ChatGPT

- **고객 지원 강화**: ChatGPT를 대화형 AI 도구로 활용하여 고객 문의를 효율적으로 처리하고 연중무휴 개인화된 지원을 제공할 수 있습니다.
- **콘텐츠 제작 자동화**: 기업은 ChatGPT를 활용하여 맥락에 맞는 매력적인 마케팅 문구, 소셜 미디어 콘텐츠, 블로그 기사를 생성할 수 있습니다.
- **내부 프로세스 간소화**: ChatGPT는 문서 요약, 데이터 분석, 직원 질의에 대한 답변과 같은 일상적인 작업을 자동화하여 전반적인 효율성을 개선할 수 있습니다.

위의 핵심 메시지들을 ChatGPT를 통해 얻었으나, 실제로는 ChatGPT가 제안한 대로 OpenAI의 공식 웹사이트 및 블로그, ChatGPT 및 관련 기술에 대한 학술 논문 또는 기사, ChatGPT를 사용하는 기업의 사례 연구 또는 성공 스토리, 비즈니스에서 ChatGPT의 사용에 대해 논의하는 뉴스 기사 및 업계 보고서 등을 통해 근거와 함께 메시지들을 얻었다고 가정해 보자.

필자

다음 3가지의 메시지들을 포함하여 ChatGPT 소개, 활용 사례, 사례 연구, 향후 발전 가능성 등의 섹션으로 프레젠테이션 발표를 위한 목차를 작성해 줘.

- **고객 지원 강화**: ChatGPT를 대화형 AI 도구로 활용하여 고객 문의를 효율적으로 처리하고 연중무휴 개인화된 지원을 제공할 수 있습니다.
- **콘텐츠 제작 자동화**: 기업은 ChatGPT를 활용하여 맥락에 맞는 매력적인 마케팅 문구, 소셜 미디어 콘텐츠, 블로그 기사를 생성할 수 있습니다.

- **내부 프로세스 간소화**: ChatGPT는 문서 요약, 데이터 분석, 직원 질의에 대한 답변과 같은 일상적인 작업을 자동화하여 전반적인 효율성을 개선할 수 있습니다.

목차

I. 소개

  A. ChatGPT 개요

  B. AI가 비즈니스에 미치는 영향

  C. 발표 목적

II. 활용 사례

  A. 고객 지원 강화

    1. 대화형 AI 도구

    2. 개인 맞춤형 지원

    3. 연중무휴 24시간 가용성

  B. 콘텐츠 제작 자동화

    1. 마케팅 카피

    2. 소셜 미디어 콘텐츠

    3. 블로그 기사

  C. 내부 프로세스 간소화

    1. 문서 요약

    2. 데이터 분석

    3. 직원 쿼리에 대한 답변

III. 사례 연구

  A. 고객 지원: A 회사

  B. 콘텐츠 제작: B 회사

  C. 내부 프로세스: C 회사

IV. 향후 발전 가능성

  A. 고급 애플리케이션

B. 윤리적 고려 사항
C. 업계 동향

V. 결론
A. 주요 조사 결과 요약
B. 비즈니스의 미래에 미칠 잠재적 영향
C. 최종 의견

조사한 세 가지 메시지들을 잘 포함하여 목차를 작성했다. 목차가 깔끔하고, 주요 메시지들을 잘 포함하고 있는 것을 볼 수 있다. 이제 성진이가 프레젠테이션을 위한 PPT를 작성하고, 디자인을 꾸밀 동안 (이 과정에도 DALL-E, Stable Diffusion 등의 생성 모델들을 사용하여 디자인 요소를 만들 수도 있으나 여기서는 생략했음) 발표 스크립트를 ChatGPT를 사용하여 작성해 보도록 한다. 다만, 여기서는 지면 한계상 발표 스크립트의 '요약본'을 만들도록 하겠다(실제 사용할 때는 '나누어 정복하라!'에 따라 내용을 구조화한 후 세분화된 장들마다 내용을 구체화하여 발표 스크립트를 만들면 된다).

필자 앞의 목차에 맞게 발표 스크립트 요약본을 만들어 줘.

ChatGPT
이 프레젠테이션에서는 현대 비즈니스에서 ChatGPT의 역할을 살펴보고, 다양한 사용 사례에 대해 논의하고, 실제 사례 연구를 선보이며, 향후 개발 가능성을 고려합니다.

먼저 ChatGPT에 대한 소개를 통해 그 기능과 AI 기술이 비즈니스에 미치는 영향에 대해 설명합니다. 그런 다음 고객 지원 강화, 콘텐츠 제작 자동화, 내부 프로세스 간소화라는 세 가지 주요 사용 사례를 살펴봅니다.

고객 지원 강화를 위해 ChatGPT를 대화형 AI 도구로 활용하여 고객 문의를 효율적으로 처리하고 연중무휴 개인화된 지원을 제공하는 방법에 대해 설명합니다. 그런 다음 기업이 ChatGPT를 활용하여 문맥에 맞는 매력적인 마케팅 문구, 소셜 미디어 콘텐츠, 블로그 기사를 생성하고 콘텐츠 생성을 자동화하는 방법을 살펴봅니다. 마지막으로 문서 요약, 데이터 분석, 직원 질의에 대한 답변과 같은 일상적인 작업을 자동화하여 ChatGPT를 통해 전반적인 효율성을 개선할 수 있는 방법을 살펴봅니다.

그다음에는 고객 지원, 콘텐츠 제작 및 내부 프로세스에서 ChatGPT를 성공적으로 구현한 세 회사의 사례 연구를 살펴봅니다. 이런 사례는 다양한 산업 분야의 비즈니스에 대한 ChatGPT의 실제 영향을 강조합니다.

미래를 내다보며 ChatGPT 애플리케이션의 잠재적 발전 가능성, 윤리적 고려 사항, 비즈니스의 AI 기술 활용 방식을 형성할 수 있는 새로운 업계 동향에 대해 논의합니다.

결론적으로 주요 연구 결과를 요약하고 ChatGPT 및 유사한 AI 솔루션이 비즈니스의 미래에 미칠 잠재적 영향을 강조하며, 궁극적으로 지속적인 성공과 혁신을 위해 이런 기술을 수용하는 것이 중요하다는 점을 강조합니다.

이제 남은 과정은 리허설과 다듬기를 진행하고, 발표를 수행하면 된다. 지금까지 ChatGPT가 안내한 대로 따라서 과제를 수행했다. 과정과 결과, 모두 최소한의 퀄리티를 보장하는 것을 알 수 있다. 이 과정만 따라도 앞으로 조별 과제는 고통이 아니라 즐거움의 시간이 될 것이다.

만능처럼 보이는
ChatGPT도 한계가 있다고?

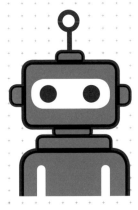

ChatGPT

01 문맥을 때때로 오해하기도 해요!

이 책의 초반부에 설명했던 "너희 아버지 지금 뭐 하시니?" 예시를 통해 '아버지의 직업을 질문하는 것인지, 지금 아버지가 하고 계신 행동을 질문하는 것인지, 사람도 헷갈릴 수 있다는 것을 배웠다. ChatGPT 역시 때때로 문맥을 오해할 수 있다.

만약 '특이점'에 대해 설명해 달라고 했을 때도 이 '특이점'이라는 단어가 인공지능 분야에서 쓰이는지, 수학에서 쓰이는지, 아니면 물리학에서 쓰이는지에 따라 전혀 다른 의미를 가질 수 있다. 심지어는 만화나 영화 등 창작물에서의 '특이점'을 의미할 수도 있다([그림 5-1] 참고).

목차

1. 개요
2. 학술 용어
   2.1 수학 용어
   2.2 물리학 용어
   2.3 기술적 특이점
3. 인터넷 용어
4. 창작물에서의 설정
   4.1 가면라이더 덴오의 특이점

4.2 발드 스카이의 특이점
4.3 초시공세기 오거스의 특이점
   4.3.1 슈퍼로봇대전 Z 시리즈의 특이점
4.4 슈퍼로봇대전의 특이점
4.5 마기의 특이점
4.6 Project Moon 세계관의 기술
4.7 TYPE-MOON 세계관의 용어
4.8 모바일 게임 소녀전선의 대형 이벤트
4.9 신좌만상 시리즈의 특이점
4.10 기타

– 출처: 나무위키 '특이점', https://namu.wiki/w/%ED%8A%B9%EC%9D%B4%EC%A0%90

[그림 5-1] '특이점'에 대한 다양한 분야에서의 정의

이렇게 같은 단어 또는 문장이라 할지라도 문맥에 따라 다르게 해석될 수 있는 경우 ChatGPT 역시 문맥을 오해하기도 한다. 따라서 질문할 때 동음이의어나 다의어를 사용한다면, 해당 단어가 사용되는 분야에 대해 명시하는 것이 좋다. 아니면 먼저 단어의 정의에 대해 간단하게 설명하고 나서 사용하는 방법도 있다.

02 편향된 데이터로 학습됐을 때의 ChatGPT

ChatGPT는 기본적으로 학습 데이터셋을 통해 학습된다. 즉, 학습 데이터셋이 왜곡된 정보를 갖고 있다면, ChatGPT 역시 왜곡된 정보에 기반하여 출력물을 내놓을 수밖에 없다.

실제로 ChatGPT에 사람의 피드백을 활용한 강화 학습 기법으로 성능을 비약적으로 발전시킨 논문에서는 다음과 같이 밝히고 있다.

"라벨 제작 작업 중 일부는 계약자의 신원, 신념, 역사에 의해 영향을 받을 수 있는 계약자의 정체성, 문화적 배경, 개인 이력 등에 영향을 받을 수 있습니다.

(중략…)

이 그룹은 분명히 이런 모델의 영향을 받는 모든 사람들을 대표하지는 않습니다. 간단한 예로 라벨 제작자는 주로 영어를 사용하며 데이터는 거의 전적으로 영어 지침으로 구성되어 있습니다."

참조 논문 Ouyang, Long, et al. "Training language models to

follow instructions with human feedback." Advances in Neural Information Processing Systems 35 (2022): 27730-27744.

따라서 ChatGPT를 사용할 때 데이터셋 및 평가 방식의 잠재적인 편향을 고려하여 ChatGPT의 출력 내용이 편향된 정보를 담고 있는지 여부를 상세하게 검토하고 활용해야 한다.

만약 ChatGPT가 학습한 데이터에 '한국'에 대한 정보가 단 하나도 없다면, "최신 노래 트렌드에 대해 알려줘"라고 질문했을 때 K-POP에 대한 정보는 얻을 수 없을 것이다.

ChatGPT를 학습시킬 때는 사람의 피드백이 들어간다. 딥러닝에 기반한 모델을 사용하지만, 훈련 시에는 강화 학습 기법을 통해 성능을 극대화시키게 되며 이 과정에서 사람의 피드백이 들어가므로 평가자들의 주관이 일부 개입된다. 예를 들어, 평가자들이 ChatGPT의 가능한 답변들에 대한 점수를 매길 때 보수적인 응답보다 좀 더 적극적이고 혁신적인 응답에 더 큰 점수를 부여했을 경우 ChatGPT의 답변 스타일이 바뀔 수 있는 것이다.

03 상식의 부재

"상식은 전문적인 지식이 아닌, 정상적인 일반인이 가지고 있거나 또는 가지고 있어야 할 일반적인 지식 · 이해력 · 판단력 및 사리분별이다."

- 출처: 두산백과

"상식(常識, Common Sense)은 특정 사회에 속한 구성원이 반복적으로 문화와 지식을 습득하면 이를 기본 교양이라고 확신하게 되는 개념이다."

-출처:나무위키

상식의 정의를 보면, '상식'이란 '일반적인 사람들이 공통적으로 갖고 있는 지식'이라는 것을 알 수 있다. 그럼 ChatGPT는 우리와 같은 경험을 통해 학습을 했을까? 그렇지 않다. 방대한 텍스트의 바닷속에서 정보의 패턴과 연관성을 통해 학습됐다. 세상에서의 체험을 통해 정보를 받아들이는 것이 아니라 개념에 대한 정의와 관련된 텍스트 정보들을 통해 정보를 받아들이는 것이다. 따라서 문화, 관습 등 사람이 살아온 과정과 관련된 질문에 대해서는 ChatGPT가 상식과 다른 답변을 할 수도 있다. 다음은 문화와 관습에 대한 차이를 반영하지 못한 ChatGPT의 답변이다.

필자
내 친구가 한국 카페에서 가방을 테이블 위에 올려놓고 커피를 주문하러 갔어. 그가 왜 그랬을까?

ChatGPT
친구가 한국 카페에서 가방을 테이블 위에 놓고 커피를 주문한 데는 여러 가지 이유가 있을 수 있습니다. 카페 환경이 편안하고 안전하다고 느꼈을 수도 있고, 주문하는 동안 가방을 들고 다니고 싶지 않았을 수도 있습니다.

또는 공공장소에 소지품을 방치하는 것은 좋지 않다는 사실을 단순히 잊어버렸을 수도 있습니다. 그 이유가 무엇이든, 공공장소에 소지품을 방치하면 도난이나 파손에 더 취약해질 수 있다는 점을 염두에 두는 것이 중요합니다. 항상 소지품을 소지하고 다니거나 부재 중일 때는 믿을 수 있는 사람에게 부탁하는 등 소지품을 보호하기 위한 예방 조치를 취하는 것이 좋습니다.

ChatGPT의 정답도 일리는 있다. 그러나 한국에서 오래 살고 카페를 자주 간다면, 그 친구가 왜 가방을 테이블 위에 놓았는지를 쉽게 눈치챌 수 있다. 한국 카페에는 가방을 테이블 위에 올려놓음으로써 자리를 선점하는 문화가 있다. 물론, 잘 설치된 CCTV 덕분이기도 하지만, 통계적으로 카페에서 빈 자리에 놓인 물건은 잘 훔쳐가지 않는다는 점이 한몫한다.

그런데 재미있는 것은 자전거는 아주 빈번하게 도난당한다는 점이다. 이 역시 ChatGPT에 물어보자.

필자 내 친구는 한국에서 커피를 주문하러 갈 때는 노트북을 테이블 위에 놓고 가지만, 자전거는 반드시 잠근 상태로 주차해. 그가 왜 그럴까?

ChatGPT 친구가 카페 테이블 위에 노트북을 방치하는 것보다 자전거를 밖에 잠가두는 것이 더 안전하다고 느낄 수 있습니다. 자전거는 노트북보다 더 크고 눈에 잘 띄며 자물쇠를 제거하기 위해 특별한 도구가 필요하기 때문에 도난당하기 더 어려운 경우가 많습니다. 또한 친구가 카페에 있는 동안 자전거를 안전하게 보관하기 위해 고품질 자전거 자물쇠에 투자했을 수도 있습니다.

하지만 잠금 장치가 있더라도 자전거를 외부에 방치하면, 도난의 위험이 항상 존재한다는 점을 명심하세요. 도둑은 자물쇠를 끊거나 다른 방법으로 자전거를 훔칠 수 있으므로 항상 조명이 밝은 곳이나 보안 카메라가 있는 곳에 자전거를 주차하는 등 자전거를 보호하기 위한 예방 조치를 취하는 것이 좋습니다. 자전거 도난이나 파손에 대비하여 자전거 보험에 가입하는 것도 좋은 방법입니다.

역시 한국 실정에 맞지 않는 답변이다. 실제로는 묶어 놓지 않은 (심지어는 묶어 놓은!) 자전거의 도난 사건 빈도가 카페에서 물건을 놓고 주문하러 갔을 때의 도난 사건 빈도보다 훨씬 높기 때문이다(아마도 CCTV 유무에 따른 결과가 아닐까 추정된다). 하지만 ChatGPT는 한국에서 자전거를 도난당해 본 적도 없고, 붐비는 카페에서 자리를 선점하기 위해 노력해 본 적도 없다. 따라서 집단이 갖고 있는 일종의 '상식'을 갖지 못한다. 만약 ChatGPT에게 한국에만 있는 '전세'와 관련하여 '역전세난', '역월세' 등이 복잡하게 얽혀 있는 문제에 대해 질문하면, 이를 정확하게 이해하여 답변해 줄 수 있을까?

필자 최근 역전세난으로 인해 역월세 현상이 발생하고 있어. 역전세난과 역월세의 관계에 대해 설명해 줘.

ChatGPT 역전세난은 부동산 시장에서 매매가가 급등하던 시기에 매매가가 급락하는 현상을 말합니다. 이런 역전세난 현상은 대체로 부동산 가격이 폭등하던 시기에 대출 등으로 인해 많은 사람들이 부동산을 구매하면서 발생합니다. 그러나 시간이 지나면서 대출 상환 부담 등으로 인해 매매가가 하락하면서 역전세난이 발생합니다.

이와 반대로 역월세는 전세보다 월세가 높아지는 현상을 말합니다. 전체 부동산 시장에서 월세가 상승하는 경우가 많은데, 이는 주로 경제적인 요인에 의해 발생합니다. 예를 들어, 인구 증가로 인한 수요 증가, 토지 부족으로 인한 땅값 상승 등이 월세 상승의 주된 요인이 될 수 있습니다.

따라서 역전세난이 발생하면, 부동산 매매가가 하락하므로 전세 대신 월세가 더 유리한 선택일 수 있습니다. 이로 인해 전세가 낮아지고 월세가 상승하는 역월세 현상이 발생할 수 있습니다.

과연 ChatGPT가 자신 있게 답변한 내용이 맞을까? 우선 '역월세'에 대해 살펴보자.

'역월세'는 부동산 가격이 하락할 때 나타나는 특수 현상으로 임대차 월세 계약을 유지 및 갱신하는 조건으로 임대인(집주인)이 임차인(빌린 사람)에게 매달 일정 금액을 돌려 주는 것을 말한다.

따라서 ChatGPT가 설명한 역월세에 대한 설명은 바르지 않음을 알 수 있다. '역전세난'도 전셋집 공급은 늘었지만, 전세 수요가 줄어듦에 따라 전세 계약이 안 되면서 생기는 어려움을 의미하는데, ChatGPT가 설명한 내용은 '매매가가 급등하던 시기'에 '매매가가 급락하는 현상'에 대해 설명하고 있으므로 거리가 있다. 매매가가 급락하더라도 전세금이 더 낮고 전세 수요도 괜찮다면, 이는 '역전세난'으로 보지 않을 수 있는데도 실제 정의와는 다르게 설명했다. 즉, 그럴싸하게 설명하지만, 정확한 설명은 아닌 것이다.

2023년을 살아가는 많은 한국 사람들은 '역전세난'에 의해 '역월세' 현상이 벌어진다는 것을 피부로 느끼고 있다. 그러나 ChatGPT는 한국에만 있는 '전세'와 전세가가 급격하게 떨어질 때의 '역월세' 현상을 피부로 느낄 수는 없었을 것이다.

04 감정을 이해하기 어려워요!

인간의 감정은 때로는 이해하기 어려울 정도로 오묘하다. 감정은 수십만 년 동안 발전해 온 인류의 진화 산물이기 때문에 어쩌면 복잡한 것이 당연한지도 모른다. ChatGPT는 이런 인간의 감정을 어떻게 이해하고 있을까?

영화 「굿 윌 헌팅」의 천재 주인공인 '윌 헌팅'은 한 번 책을 읽으면, 내용을 모두 기억하고 응용할 수 있는 천재적인 두뇌를 가졌다. 그러나 아버지에게 학대받고 자라면서 마음을 닫고 산다. 그가 상담사를 심리학적으로 분석하여 과거의 상처를 난도질하자 상담사는 "전쟁에 관해 묻는다면 셰익스피어 명언을 인용할 수도 있겠지. 하지만 넌 상상도 못해. 전우가 도움을 구하는 눈빛으로 너를 바라보며 마지막 숨을 거두는 걸 지켜보는 게 어떤 건지!"라며 그의 경험이 아닌, 지식에만 근거한 오만한 공격을 지적한다. ChatGPT 역시 방대한 지식을 갖고 있다. 하지만 그 지식들은 윌 헌팅이 책을 통해 간접적으로 익혔듯이 ChatGPT 또한 간접적으로 익힌 지식들이다. 감정에 대한 이해 역시 간접적일 수밖에 없다. 따라서 ChatGPT와 대화를 하다 보면, 인간의 복잡한 감정을 진심으로 이해하고 있지 않은 듯한 모습을 볼 수 있다.

그럼 이번엔 1924년 6월에 잡지『개벽』제48호에 발표된 현진건의 단편 소설『운수 좋은 날』에서 주인공의 특정 행동에 대해 ChatGPT에게 질문해 보자. 정답을 알기 위해서는 주인공의 상황에 감정을 이입하여 읽어야 한다.

필자

다음 소설에서 주인공 '김 첨지'가 최대한 느그적 느그적 집으로 향한 이유를 설명해 줘.

비가 오는 날은 인력거꾼 김 첨지에게는 운수 좋은 날이었다. 그야말로 재수가 옴 붙어서 손님이 끊이질 않았다. 첫째 번에 삼십 전, 둘째 번에 오십 전. 김 첨지는 눈물 흘릴 만큼 기뻤다. 컬컬한 목에 술 한 잔 하고 싶은 마음이기도 하지만, 그보다는 앓는 아내에게 설렁탕 한 그릇 사주고 싶은 마음에서였다. 아내는 몇 달 전부터 기침을 하며 끙끙 앓았고, 조밥도 굶기를 먹다시피 하는 형편이었다. 김 첨지는 약을 먹으면 병이란 놈이 재미를 붙여서 자꾸만 온다는 신조 때문에 아내를 의사에게 보내지 않으니 무슨 병인지 알 수 없는 채 반듯이 뉘어만 났다. 김 첨지가 이제 돌아가려고 할 때 뒤에서 "인력거" 하고 부르는 소리가 났다. 김 첨지는 잠깐 주저했다. 먼 곳을 가기 싫어서도 아니고, 그것으로 만족하려고 해서도 아니었다. 다만, 김 첨지는 이 이상한 행운 앞에 겁이 난 것이었다. 그리고 집을 나올 때 오늘은 가지 말아 달라는 아내의 부탁이 마음에 켕기어서였다. 하지만 김 첨지는 오늘의 행운을 놓칠 수 없어 걱정은 뒤로 하고 손님을 태운다. 김 첨지는 가끔 걱정이 앞서기도 했지만, 손님의 채근에 이내 신나게 달리었다. 그가 기적에 가까운 벌이를 하고서도 집에 가는 발걸음은 괴상하게 누그러웠다. 그런데 이 누그러움은 안심에서 오는 것이 아니라 자기를 덮친 무서운 불행이 시작된다는 것을 알리는 마음에서 오는 것이었다. 최대한 느그적 느그적 집으로 향하던 김 첨지는 친구 치삼이를 만나고 두려운 마음에서인지 함께 술을 마신다.

ChatGPT

김 첨지가 최대한 느그적 느그적 집으로 향한 이유는 그의 아내가 아픈 상황에서 가장 빨리 집으로 돌아가서 아내를 위해 뭔가를 해주고 싶었기 때문입니다. 김 첨지는 손님들로부터 받은 돈으로 아내가 원하는 설렁탕을 사주고 싶었고, 그리고 그 돈으로 약도 사와서 아내의 병을 치료하고 싶었습니다. 하지만 손님들이 많이 오고 갔기 때문에 김 첨지는 집에 돌아갈 때까지 시간이 지체됐고, 그로 인해 아내가 더욱 안 좋아지는 상황에 처했습니다.

그리고 마지막으로 김 첨지가 손님들로부터 받은 돈으로 가장 빨리 집으로 돌아가려고 노력하는 이유는 아내를 위한 책임감과 사랑으로 인한 것입니다. 하지만 그의 두려움과 걱정이 이를 가로막고 있었지만, 결국에는 그의 마음속의 소망을 위해서 술친구와 함께 술을 마신 것입니다. 이는 그가 일상적인 어려움에서 벗어나며 행복한 순간을 보낼 수 있는 방법 중 하나였을 것입니다.

　내용을 그럴싸하게 적으려고 했지만, 틀렸다. 김 첨지가 느그적 느그적 집으로 향한 것은 오히려 이미 아내가 죽었을지도 모른다는 불안감이 엄습했기 때문이다. 그래서 심지어 그는 중간에 친구와 함께 불안감을 달래기 위해 술을 마시기도 한다. 아마 아내의 죽음을 직감하면서 현실을 외면하고 싶었던 것인지도 모른다. ChatGPT는 이런 미묘한 감정선을 파악하지 못했다. 만약 ChatGPT에게 연애 상담을 한다면, 질문자의 복잡한 감정을 파악하지 못하고 일반적인 방법론들을 설명할지도 모른다. 때로는 일반적인 방법들보다 공감과 인간에 대한 이해에서 비롯된 따뜻한 한 마디가 더 도움이 되기도 하는데 말이다.

05 추론 문제에서 잘못된 풀이

다음은 매우 어렵기로 소문난 '초록 눈 감옥 문제'라는 유명한 논리 퍼즐이다. ChatGPT가 이를 풀어낼 수 있을지 문제를 내보자.

필자

다음 논리 문제를 풀어줘.

100명의 사람들이 사는 섬을 상상해 보자. 하지만 그 섬에는 뛰어난 논리학자들이 미친 독재자에 의해 감옥에 갇혀 있다. 한 가지 이상한 규칙을 제외하고는 그곳을 빠져나갈 방법이 없다. 모든 죄수는 밤에 간수에게 석방을 요청할 수 있다. 그 사람이 녹색 눈을 갖고 있으면 풀려난다. 그렇지 않으면 화산에 던져진다. 아이러니하게도 100명의 수감자는 모두 녹색 눈을 갖고 있지만, 태어날 때부터 그곳에서 살았고 독재자는 죄수들이 자신의 눈 색깔을 결코 알지 못하도록 했다. 섬에는 거울이나 반사되는 어떤 것도 없으며 무엇보다도 사람들은 서로 의사소통할 수 없다. 매일 아침 조를 짜는 동안 서로 마주쳐도 말을 걸지 못한다. 그럼에도 불구하고 그들은 성공할 것이라는 확신 없이는 섬을 떠나려고 시도하지 않는다. 인권 단체의 심한 압력으로 인해 독재자는 당신이 섬을 방문하여 수감자들 앞에서 연설할 수 있도록 허용한다. 그러나 한 문장만 말할 수 있으며 수감자들에게 새로운 정보를 제공할 수 없다. 독재자의 분노를 불러일으키지 않고 죄수들이 석방될 수 있도록 돕기 위해 당신은 뭐라고 말해야 할까?

ChatGPT

"적어도 1명은 녹색 눈을 가졌군요."라고 말합니다. 이 문장은 죄수들에게 새로운 정보를 제공하지 않고도 추론의 연쇄를 시작하는 데 필요한 초기 상식을 제공하는데, 죄수들은 이미 그들 중 녹색 눈을 가진 사람이 있다는 것을 알 수 있기 때문입니다.

녹색 눈을 가진 죄수의 수(n)를 고려하여 추론 과정을 하루 단위로 세분화해 보겠습니다.

녹색 눈을 가진 죄수가 1명(n=1)뿐이라면, 그들은 다른 사람은 아무도 녹색 눈을 가진 사람이 없다는 것을 알 수 있고, 진술에 근거하여 자신이 녹색 눈을 가진 사람일 것이라고 추론할 것입니다. 그들은 첫날 밤에 석방을 요청하고 석방됩니다.

녹색 눈을 가진 죄수가 2명(n=2)인 경우 각 죄수는 녹색 눈을 가진 다른 사람을 보게 됩니다. 첫날 밤에는 1단계에서 설명한 시나리오를 숙지한 상태에서 상대방이 떠나는지 기다립니다. 첫날 밤에 아무도 떠나지 않으면, 녹색 눈을 가진 두 죄수는 각각 녹색 눈을 가진 사람이 2명일 것이라고 추론하고, 자신이 그중 1명일 것이라고 추론합니다. 두 죄수는 둘째 날 밤에 석방을 요청하고 석방됩니다.

녹색 눈을 가진 죄수가 3명(n=3)인 경우 각 죄수는 녹색 눈을 가진 다른 죄수 2명을 보게 됩니다. 첫날 밤에는 2단계에서 설명한 시나리오를 고려하여 다른 죄수가 떠나는지 기다립니다. 첫날 밤에 아무도 떠나지 않으면, 1단계에서 설명한 시나리오를 고려하여 다른 두 사람이 떠나는지 확인하기 위해 또 다른 밤을 기다립니다. 두 번째 밤에도 아무도 떠나지 않으면, 녹색 눈을 가진 죄수 3명은 각각 녹색 눈을 가진 사람이 3명일 것이라고 추론하고, 자신이 그중 1명일 것이라고 추론합니다. 3명의 죄수 모두 세 번째 밤에 석방을 요청하고 석방됩니다.

이 과정은 100번째 밤까지 계속되며, 100명의 죄수들은 녹색 눈을 가진 사람이 100명이고 각자가 그중 1명이어야 한다고 추론했으므로 100명의 녹색 눈을 가진 죄수들이 모두 동시에 석방을 요청하게 됩니다.

"여러분 중 적어도 1명은 녹색 눈을 갖고 있습니다."라고 말함으로써 죄수들이 새로운 정보를 제공하지 않아도 논리와 추론 능력을 사용하여 자신의 눈 색깔을 추론하는 데 필요한 출발점을 제공하여 궁극적으로 모든 죄수가 석방될 수 있도록 도와줬습니다.

정답을 맞혔다! 하지만 과연 ChatGPT가 이 문제를 정확하게 이해하고 답변했을까? 이를 검증하기 위해 다음과 같은 질문을 추가로 해보자.

필자
왜 "적어도 99명은 녹색 눈을 가졌어요."라고 말하지 않았어?

"99명 이상이 녹색 눈을 가졌습니다."라고 말하는 것은 죄수들이 자신의 눈 색깔을 추론하고 결국 석방되도록 돕는 데 있어 "여러분 중 적어도 1명은 녹색 눈을 가졌습니다."라고 말하는 것만큼 효과적이지 않을 것입니다.

"99명 이상은 녹색 눈을 가졌습니다."라고 말하면, 각 죄수는 녹색 눈을 가진 99명을 보게 되지만 자신이 녹색 눈을 가진 100번째 사람인지, 아니면 다른 눈 색깔을 가진 1명인지 알 수 없습니다. 이 상황에서 수감자 중 누구도 자신의 눈 색깔을 자신 있게 추론할 수 없을 것이며, 화산에 던져질 가능성을 두려워하여 석방을 요청하지 않을 것입니다.

반면에 "여러분 중 적어도 1명은 녹색 눈을 갖고 있습니다."라고 말하여 죄수들에게 섬을 떠난 사람이 없는 일수를 기준으로 추리를 시작하는 정보를 제공하면, 결국 녹색 눈을 가진 100명의 죄수 모두가 자신의 눈 색깔을 추론하고 석방될 수 있습니다.

완전히 오답이다. "99명 이상이 녹색 눈을 가졌습니다."는 "적어도 1명 이상 녹색 눈을 가졌어요."보다 더 효과적인 정보지만, 독재자가 듣기에 더 정보를 주지 않는 것처럼 보이게 하려고 한 것 뿐인데, 더 효과적이지 않다는 오답을 자신 있게 내놨다.

"최소 99명이 녹색 눈을 갖고 있다."는 말이 더 효과적이야. 만약 자기 눈이 빨간색이라면 99명 모두 자신을 제외한 98명이 이미 녹색 눈일 테니 다음 날 바로 탈출했을 테고, 다음 날 아무도 탈출하지 않은 것을 알면 자신의 눈이 녹색인 것이니까 2일만에 탈출이 가능하잖아?

맞습니다. 이 특정 시나리오에 대한 저의 이전 설명은 정확하지 않았습니다. "최소 99명이 녹색 눈을 갖고 있습니다."라고 말해도 죄수들은 여전히 문제를 풀 수 있습니다.

이 경우 각 죄수는 녹색 눈을 가진 99명의 사람을 보게 됩니다. 그들은 녹색 눈을 가진 죄수가 99명 이상이라는 것을 알고 있지만, 자신이 100번째 녹색 눈을 가진 죄수인지, 아니면 다른 눈 색깔을 가진 죄수인지 알지 못합니다. 그들은 첫날 밤을 기다렸다가 탈출하는 사람이 있는지 확인합니다. 누군가가 떠나면, 그들은 자신이 녹색 눈이 아닌 사람이라고 생각할 것입니다. 그러나 첫날 밤에 아무도 떠나지 않으면, 각 죄수는 자신이 본 99명이 떠나지 않았기 때문에 100명 모두 녹색 눈을 갖고 있어야 한다고 결론을 내립니다. 둘째 날 밤에는 100명의 죄수 모두 자신 있게 석방을 요청하고 풀려날 것입니다.

따라서 "최소 99명이 녹색 눈을 갖고 있다."고 말하는 것은 실제로 죄수들이 자신의 눈 색깔을 추론하고 풀려날 수 있는 지름길로 작용할 수 있습니다.

내용을 수긍하고, 바로 잡아서 이해하는 모습이다. 이 장면을 통해 우리는 ChatGPT의 추론을 100% 믿어서는 안 된다는 것을 알게 된다. 이전에 냈던 답은 이미 인터넷에서 학습했기 때문에 정답을 알고 있을 가능성이 크다. 만약 이미 알려지지 않은 추론 문제를 푼다면, 반드시 검증을 해야 한다. 앞의 사례에서는 잘못된 추론을 했지만, 다른 여러 사례에서 살펴봤듯이 ChatGPT에는 추론 능력이 있다. 또한 앞으로 그 능력은 더욱 커질 것이다. 따라서 잘못된 추론 사례들을 보고 무조건 추론에 ChatGPT를 사용하지 않기보다는 검증을 통해 추론이 맞았는지를 살피는 것이 더 효과적일 수 있다.

우리는 지금까지 ChatGPT의 다양한 한계점들을 다뤘다. 먼저 ChatGPT는 문맥을 오해하기도 한다. 따라서 동음이의어나 다의어를 사용할 때는 어떤 맥락에서 해당 단어를 사용했는지를 명시해야 한다. 또한 ChatGPT는 학습에 사용한 데이터셋의 편향 정도에 따라 답변이 편향될 가능성이 있다는 점을 유의해야 한다. 그러므로 ChatGPT의 응답을 무조건적으로 수용하지 말고, 응답이 편향되지는 않았는지를 모니터링하도록 한다. 때때로 ChatGPT는 상식이 부족하다. 문화적 배경이나 특수성에 대한 이해도 부족할 수 있다. 따라서

ChatGPT의 응답이 공통된 상식에 위배되는지에 대해 검증 절차를 거치는 것이 좋다.

뿐만 아니라 ChatGPT는 인간의 감정을 직접적인 체험을 통해 이해하는 것이 아니라 방대한 데이터를 통해 간접적으로 학습했다. 개인적인 상담 과정에서 감정상의 깊은 공감과 인간적인 교류를 원한다면, ChatGPT보다는 인간 상담사에게 상담받을 것을 권한다. 만약 감정에 대한 깊은 이해와 무관한 일반적인 해결책을 원한다면 상관없다.

좋은 프롬프트를
작성하는 꿀팁 대방출!

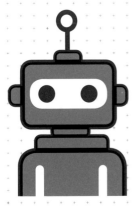

ChatGPT

01 ChatGPT의 추론 성능을 높이는 마법의 표현

앞서 우리는 ChatGPT의 추론 과정이 명확하지 않을 수 있다는 점을 배웠다. 그런데 이를 단 한 문장을 통해 크게 개선할 수 있다면 믿을 수 있는가? 한 번 실제로 비교해 보자.

 필자

첫날 박테리아 수는 총 15마리다. 매일 박테리아 수가 두 배씩 증가한다. 하루에 10마리씩 박테리아를 죽인다고 가정했을 때 5일 후 총 박테리아의 수는?

 ChatGPT

첫날에 15마리의 박테리아가 있는 경우 다음 공식을 사용하여 5일 후의 박테리아 수를 계산할 수 있습니다.

5일 후 박테리아 수 $= 15 \times 2^5 - (10 \times 5)$

이 공식을 자세히 살펴봅시다.

15는 첫날의 초기 박테리아 수를 나타냅니다.

2^5는 5일 동안 박테리아가 두 배가 되는 횟수를 나타냅니다(박테리아의 수는 매일 두 배가 되므로 지수 표기법을 사용하여 계산을 단순화할 수 있습니다).

10×5는 5일 동안 죽인 박테리아의 총 수를 나타냅니다(하루에 10마리의 박테리아가 죽기 때문).

따라서 숫자를 연결하면 다음과 같은 결과가 나옵니다.

5일 후 박테리아 수 $= 15 \times 32 - 50$

5일 후 박테리아 수 $= 470$마리

따라서 5일 후 총 박테리아의 수는 470마리입니다.

결과가 틀렸다. 우선 마지막에 15×32-50=430이다. 산수도 제대로 못했을 뿐만 아니라 풀이 과정도 틀렸다. 먼저 처음 박테리아 수는 15마리고, 두 배 증가하여 30마리인데 10마리 죽이면 20마리, 여기서 두 배가 되면 40마리, 10마리 죽이면 30마리가 된다. 이런 식으로 추론하며 계산해야 쉽게 풀 수 있다.

그럼 어떻게 해야 이런 추론 과정을 거쳐서 ChatGPT가 하나씩 추론을 할 수 있을까? 마법의 문장은 바로 "Let's think step by step."이다. 이 내용의 설명은 다음 논문을 참고한다.

참고논문 Kojima, Takeshi, et al. "Large language models are zero-shot reasoners." arXiv preprint arXiv:2205.11916 (2022).

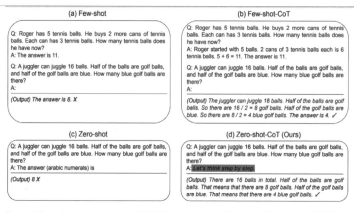

Figure 1: Example inputs and outputs of GPT-3 with (a) standard Few-shot ([Brown et al., 2020]), (b) Few-shot-CoT ([Wei et al., 2022]), (c) standard Zero-shot, and (d) ours (Zero-shot-CoT). Similar to Few-shot-CoT, Zero-shot-CoT facilitates multi-step reasoning (blue text) and reach correct answer where standard prompting fails. Unlike Few-shot-CoT using step-by-step reasoning examples **per task**, ours does not need any examples and just uses the same prompt "Let's think step by step" *across all tasks* (arithmetic, symbolic, commonsense, and other logical reasoning tasks).

이 논문에 따르면, 추론 과정의 예시를 들어주는 방법을 통해 추론 능력을 강화시킬 수도 있으나, 단지 'Let's think step by step.'을 대답의 일부로 넣어줌으로써 ChatGPT가 단계별로 추론을 수행할 수 있도록 돕는다고 한다.

대략적인 원리가 궁금한 경우 해당 논문을 읽어보면 좋다. 우리는 원론적인 부분보다는 실제로 어떻게 성능이 향상되는지를 살펴보도록 하겠다.

필자

단계별로 생각해 봅시다(Let's think step by step). 첫날 총 박테리아 수는 15마리입니다. 매일 박테리아의 수가 두 배로 증가합니다. 하루에 10마리의 박테리아를 죽인다면, 5일 후 총 박테리아 수는 몇 마리일까요?

ChatGPT

그럼 단계별로 분석해 보겠습니다.

- **1일차**: 박테리아가 15마리입니다.
- **2일차**: 박테리아 수가 두 배로 증가하여 이제 박테리아 수는 2 × 15 = 30마리입니다. 하지만 10마리의 박테리아가 죽었으므로 2일차가 끝날 때의 총 박테리아 수는 30 - 10 = 20마리입니다.
- **3일차**: 박테리아 수가 다시 두 배로 증가하여 이제 2 × 20 = 40마리의 박테리아가 있습니다. 그러나 10마리의 박테리아가 죽었으므로 3일차가 끝날 때의 총 박테리아 수는 40 - 10 = 30마리입니다.
- **4일차**: 박테리아 수가 다시 두 배로 증가하여 이제 2 × 30 = 60마리의 박테리아가 있습니다. 하지만 10마리의 박테리아가 죽었으므로 4일차가 끝날 때의 총 박테리아 수는 60 - 10 = 50마리입니다.
- **5일차**: 박테리아 수가 다시 두 배로 증가하여 이제 박테리아 수는 2 × 50 = 100마리입니다. 그러나 10마리의 박테리아가 죽었으므로 5일차가 끝날 때의 총 박테리아 수는 100 - 10 = 90마리입니다.

따라서 5일 후 총 박테리아의 수는 90마리입니다.

이번엔 정확하게 단계별로 추론했다. 이렇게 추론과 관련된 프롬프트를 작성할 때는 추론 성능을 최대한으로 끌어낼 수 있도록 프롬프트를 작성해 주는 것이 좋다. 앞으로 이런 방식으로 추론 질문을 하게 된다면, ChatGPT가 숨겨 왔던 진정한 추론 능력을 한껏 발휘할 수 있을 것이다.

02 ChatGPT의 답변을 좀 더 정확하게 바꿔주는 마법의 표현

ChatGPT에게 역할을 부여하면, 정답의 퀄리티가 높아진다. 바로 예시를 보자.

 필자
좋은 블로그를 작성하기 위한 방법을 알려줘.

 ChatGPT
물론, 좋은 블로그를 작성하기 위한 몇 가지 팁이 있습니다.

- **독자를 파악하세요**: 글을 쓰기 전에 누구를 대상으로 글을 쓰는지 파악해야 합니다. 잠재 고객의 요구 사항, 관심사 및 기대치를 이해하면, 공감을 불러일으키는 콘텐츠를 만드는 데 도움이 됩니다.
- **주제를 선택하세요**: 자신이 열정을 갖고 있고 독자가 흥미를 느낄 만한 주제를 선택하세요. 자신만의 독특한 관점이 있고 가치를 더할 수 있는 주제여야 합니다.
- **콘텐츠를 계획하세요**: 개요를 작성하여 콘텐츠를 계획하세요. 이렇게 하면 생각을 정리하고 모든 중요한 사항을 다룰 수 있습니다.
- **눈에 띄는 헤드라인을 작성하세요**: 제목은 사람들이 가장 먼저 보게 되는 것이므로 시선을 사로잡을 수 있는 제목을 작성하세요. 또한 콘텐츠와 관련성이 있어야 합니다.
- **매력적인 어조를 사용하세요**: 독자의 관심을 끌 수 있는 대화적이고 매력적인 어조로 작성하세요. 독자의 흥미를 떨어뜨릴 수 있는 전문 용어나 복

잡한 언어는 사용하지 마세요.

- **콘텐츠를 나누세요**: 짧은 단락, 부제목, 글머리 기호 및 이미지를 사용하여 콘텐츠를 나누고 시각적으로 더 매력적으로 보이도록 하세요.
- **작업 내용을 수정하세요**: 블로그를 게시하기 전에 문법, 철자, 구두점 오류 를 교정하고 편집하세요.
- **블로그로 홍보하세요**: 소셜 미디어 및 기타 플랫폼에서 블로그를 공유하 여 더 많은 독자에게 다가갈 수 있습니다. 댓글과 피드백에 응답하여 독자 와 소통하세요.

좋은 블로그를 작성하려면 시간과 노력이 필요하지만, 연습을 통해 숙련된 블 로거가 될 수 있다는 점을 기억하세요.

굉장히 상식적인 내용들을 알려준다. 디테일한 정보보다는 일반 적이고 누구나 다 아는 내용이다. 이번엔 역할을 부여하여 질문해 보 자. 영어로 'Act as ~' 또는 'Act like ~' 형태로 표현하여 '~처럼 행동 해 줘'라는 의미를 전달하면 된다.

필자
30만 명의 구독자가 존재하는 파워 블로거처럼 행동해 줘. 어떻게 해야 좋은 블로그를 쓸 수 있는지 설명해 줘.

ChatGPT
안녕하세요! 30만 명의 구독자를 보유한 파워 블로거로서 저는 좋은 블로그 작성 에 대해 한두 가지를 배웠습니다. 다음은 매력적인 고품질 콘텐츠를 만들기 위한 몇 가지 팁입니다.

- **잠재 고객을 파악하세요**: 글을 쓰기 전에 타깃 독자가 누구인지 명확하게 파악해야 합니다. 이렇게 하면 대상 고객의 관심사와 필요에 맞게 콘텐츠 를 조정하는 데 도움이 됩니다.
- **주제를 조사하세요**: 글을 작성할 주제에 대해 조사하고 정보를 수집하는 것이 중요합니다. 이렇게 하면 독자에게 귀중한 인사이트와 지식을 제공 하는 데 도움이 됩니다.

- **눈길을 사로잡는 헤드라인을 작성하세요**: 헤드라인은 독자가 가장 먼저 보게 되는 것이므로 중요하게 생각해야 합니다. 좋은 헤드라인은 시선을 끌 수 있어야 하며 블로그의 콘텐츠를 정확하게 반영해야 합니다.
- **매력적인 언어를 사용하세요**: 대화하는 듯한 어조로 글을 쓰면, 독자가 블로그에 더 관심을 갖고 쉽게 접근할 수 있습니다. 간단하고 이해하기 쉬운 언어를 사용하고 지나치게 전문적인 용어는 피하세요.
- **콘텐츠 형식을 지정하세요**: 콘텐츠를 여러 섹션으로 나누고 부제목을 사용하여 읽기 쉽게 만드세요. 글머리 기호와 번호 매기기 목록을 사용하여 중요한 정보를 강조하세요.
- **시각 자료를 포함하세요**: 블로그에 이미지와 동영상을 추가하면, 텍스트를 구분하고 콘텐츠를 시각적으로 더욱 매력적으로 만들 수 있습니다. 선택한 시각 자료가 주제와 관련이 있는지 확인하세요.
- **일관성을 유지하세요**: 충성도 높은 독자층을 구축하려면, 일관성이 중요합니다. 정기적인 게시 일정을 지키고 콘텐츠의 품질이 일관되게 높은지 확인하세요.
- **독자와 소통하세요**: 독자가 댓글을 남기도록 장려하고 즉시 응답하세요. 독자와 소통하면, 블로그를 중심으로 강력한 커뮤니티를 구축하는 데 도움이 될 수 있습니다.
- **블로그로 홍보하세요**: 소셜 미디어 및 기타 플랫폼에서 블로그를 공유하여 사이트로 트래픽을 유도하세요. 다른 블로거 또는 인플루언서와 협력하여 더 많은 잠재 고객에게 도달하는 것도 고려해 보세요.

좋은 블로그를 작성하려면, 시간과 노력이 필요하다는 점을 기억하세요. 그리고 이 팁을 따르면, 독자의 공감을 불러일으키고 성공적인 블로그를 구축하는 데 도움이 되는 콘텐츠를 만들 수 있습니다.

단지, 역할을 부여한 것 뿐인데, 좀 더 전문적이고 구체적으로 내용을 알려준다. 앞으로 기본적인 질의 응답을 할 때는 ChatGPT에게 해당 분야의 전문가처럼 행동해 달라고 요청하면 된다. 이 방법을 쓰면 쓸수록 그 차이를 더 크게 느끼게 될 것이다.

03 맥락을 활용하여 범위 좁혀 들어가기

ChatGPT는 현재 오고가는 대화의 내용을 기억할 수 있다. 따라서 질문창에 질문을 입력하면, ChatGPT가 '현재 대화' 내용을 참고하여 맥락을 파악한다.

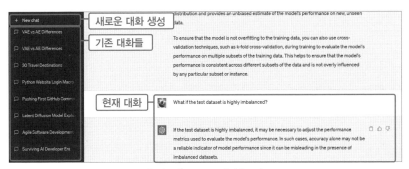

[그림 6-1] ChatGPT의 대화 구성

다만, '현재 대화' 내에서의 대화만 기억하고, '기존 대화들'에서 나눴던 대화 내용은 기억하지 못한다. 그래서 '새로운 대화 생성'을 통해 대화를 새롭게 진행하면, '현재 대화'에서 나눴던 대화 내용을 기억하지 못하고 새로 대화를 시작한다([그림 6-1] 참고).

따라서 '현재 대화' 중인 상태에서는 지금 나누는 대화의 맥락을 활용할 수 있다. 우리도 대화할 때 먼저 화제를 간단하게 꺼내고, 점차 세부적인 논의로 들어가는 경우가 많지 않은가? 이 방법을 ChatGPT와의 대화에서 사용해 보면, 맥락을 유지한 채 ChatGPT와 맥락에 어긋나지 않는 대화를 부드럽게 이어 나갈 수 있다. 즉, 꼬리에 꼬리를 무는 형식의 대화를 하는 것이다. 다음은 '사람들이 음악 듣기를 좋아하는 이유'에 대해 맥락을 고려한 대화를 하는 상황이다.

필자

나는 음악에 관해 궁금한 것이 있어.

ChatGPT

좋아요! 음악에 대해 무엇을 알고 싶으신가요? 배우고 탐구할 것이 많으니 궁금한 점이 있으면 언제든지 질문하세요.

필자

왜 사람들은 음악 듣는 걸 좋아해?

ChatGPT

사람들이 음악을 좋아하는 데는 여러 가지 이유가 있습니다. 다음은 몇 가지 가능한 설명입니다.

- **정서적 연결**: 음악은 사람들에게 강한 감정을 불러일으키는 힘이 있습니다. 특정 노래나 음악은 누군가에게 행복한 기억을 떠올리게 하거나 영감을 주거나 어려운 감정에 대처하는 데 도움이 될 수 있습니다. 사람들은 음악이 자신의 감정에 공명하고 이해받거나 인정받는다는 느낌을 주기 때문에 음악을 좋아할 수 있습니다.
- **문화적, 사회적 요인**: 음악은 종종 특정 문화적 또는 사회적 맥락과 관련이 있습니다. 사람들은 음악이 자신의 정체성이나 커뮤니티를 반영하거나 취향을 공유하는 다른 사람들과 소통할 수 있기 때문에 음악을 좋아할 수 있습니다.
- **미적 매력**: 어떤 사람들은 단순히 음악의 사운드, 작곡 및 연주 방식 또는 음악 제작에 관련된 기술적 기술에 감탄할 수 있습니다.
- **도피**: 음악은 사람들을 다른 장소나 시간으로 이동시켜 현실에서 벗어날 수 있는 탈출구를 제공합니다. 이는 스트레스를 받거나 지루할 때 특히 매력적일 수 있습니다.
- **개인적 취향**: 궁극적으로 사람들은 음악을 즐기기 때문에 음악을 좋아합니

다. 사람마다 음악에 대한 취향과 선호도가 다르기 때문에 한 사람에게 매력적으로 느껴지는 음악이 다른 사람에게는 그렇지 않을 수도 있습니다.

이는 사람들이 음악을 좋아하는 이유에 대한 몇 가지 가능한 설명일 뿐입니다. 성장 환경, 성격, 인생 경험 등 음악과의 관계에 영향을 미치는 다른 많은 요인이 있을 수 있다는 점에 주목할 필요가 있습니다.

필자 사람들이 현실을 도피하기를 원해?

ChatGPT 사람들은 때때로 현실에서 벗어나고 싶어 하는 것이 일반적입니다. 삶은 스트레스가 많고 벅차며 때로는 고통스러울 수도 있습니다. 음악 및 다른 형태의 예술과 엔터테인먼트는 이런 어려움에서 일시적으로 벗어날 수 있는 탈출구가 될 수 있습니다. 음악에 몰입함으로써 우리는 문제에서 잠시 벗어나 색다르고 즐거운 경험을 할 수 있습니다.

하지만 도피가 인생의 어려움에 대한 영구적인 해결책이 되어서는 안 된다는 점을 명심해야 합니다. 문제를 피하기 위한 방법을 끊임없이 찾기보다는 건강한 방법으로 문제를 해결하고 대처하는 것이 중요합니다. 잠시 휴식을 취하고 음악을 즐기는 것은 좋지만, 궁극적으로 현실로 돌아와 도전에 직면해야만 성장하고 발전할 수 있습니다.

이 대화를 통해 사람들이 음악 듣기를 좋아하는 이유 중 '일상으로부터의 탈출'에 대해 자세하게 정보를 얻을 수 있었다. 그런데 만약 앞의 맥락을 고려하지 않은 상태에서 "사람들이 현실을 도피하기를 원해?"라고 한다면, 어떤 반응이 나올까? 새로운 대화를 생성하여 질문해 보자.

필자 사람들이 현실을 도피하기를 원해??

ChatGPT

모든 사람이 현실에서 벗어나고 싶어 한다고 일반화하는 것은 정확하지 않습니다. 어떤 사람들은 도피의 한 형태인 활동이나 행동에 참여할 수 있지만, 다른 사람들은 다른 방식으로 현실에 직면하고 대처하는 것을 선택할 수 있습니다.

하지만 스트레스, 불안, 우울증, 지루함 또는 단순히 오락을 추구하기 위해 등 사람들이 현실에서 벗어나고자 하는 이유는 다양합니다. 예를 들어, 일상 생활에서 벗어나 휴식을 취하기 위해 영화를 보거나 비디오 게임을 즐기거나 불쾌한 감정을 무마하기 위해 약물을 사용할 수 있습니다.

도피는 일시적인 안도감을 줄 수는 있지만, 장기적으로 문제를 해결하는 건강하고 지속 가능한 방법은 아니라는 점에 유의해야 합니다. 균형 잡히고 만족스러운 삶을 위해서는 근본적인 문제를 해결하고 건강한 대처 메커니즘을 개발하는 것이 필수적입니다.

전혀 다른 종류의 내용으로 답변을 준다. 이는 현재 나누고 있는 대화의 맥락을 고려하여 ChatGPT가 답변을 하기 때문이다. 이렇게 꼬리에 꼬리를 물며 대화하면, 대주제에서부터 세부 주제로 문맥을 고려하여 이동하기 쉽고, 배경 지식부터 세부 지식으로, 쉬운 지식부터 어려운 지식으로 넘어가는 과정에서 자연스럽게 학습할 수 있기 때문에 이 방법을 추천한다.

04 결과를 다양하게 바꿔서 표현해 보기

ChatGPT의 답변은 다양한 형태로 바꿀 수 있다. 난이도를 달리하여 복잡한 개념을 쉽게 만드는 방법이나 결과를 짧게 또는 길게 바꾸는 방법은 기본적인 결과 표현 방식을 바꾸는 쉬운 방법이다. 먼저 딥러닝의 '메타 러닝(학습)'에 대한 정의를 유치원 교사가 7살 아이에게 설명하는 방법과 전문가가 전문가에게 설명하는 방법으로 나타내 보자.

필자

유치원 교사처럼 행동해 줘. 딥러닝에서 '메타 러닝'의 개념이 무엇인지 7살
아이에게 설명해 줘.

ChatGPT

안녕하세요! 딥러닝의 메타 학습은 학습 방법을 배우는 것과 같습니다.

학교에 가서 수학, 과학, 미술과 같은 다양한 것들을 어떻게 배우는지 아시나
요? 메타 학습은 이런 것들을 더 빠르고 더 잘 배우는 방법을 배우는 것과 같습
니다.

새로운 것을 빠르고 쉽게 배울 수 있도록 도와주는 특별한 도구가 있는 것과 같습
니다. 따라서 새로운 것을 배우려고 할 때 그 도구를 사용하여 가장 좋은 학습 방
법을 찾을 수 있습니다.

연필을 사용하여 글을 쓰고 그림을 그리는 것처럼 메타 학습은 학습을 위한 특별
한 도구가 있는 것과 같습니다. 이해가 되시나요?

이번엔 전문가가 전문가에게 설명하는 방식으로 물어보자.

필자

머신러닝 전문가처럼 행동해 줘. 딥러닝에서 '메타 러닝'의 개념이 무엇인지
또 다른 전문가에게 알려주듯 설명해 줘.

ChatGPT

딥러닝에서 메타 학습이란 머신러닝 알고리즘이 학습 방법을 학습하는 기능을
말합니다. 메타 학습은 머신러닝 기법을 사용하여 '메타 모델'을 학습한 다음 새
로운 작업별 모델을 자동으로 생성하는 데 사용할 수 있는 자동 알고리즘 설계에
대한 접근 방식입니다.

즉, 메타 학습은 특정 작업에 대한 모델을 수동으로 설계하는 대신, 새로운 작업
에 적용할 수 있는 일반화 가능한 규칙 또는 원칙 집합을 학습하는 것입니다. 이
를 통해 새로운 모델을 설계하는 데 필요한 사람의 노력을 크게 줄일 수 있으며,
보다 효율적이고 효과적인 학습 시스템으로 이어질 수 있습니다.

메타 학습은 분류, 회귀, 강화 학습 등 다양한 머신러닝 문제에 적용할 수 있으며,
데이터가 부족하거나 작업의 가변성이 큰 시나리오에서 특히 효과적인 것으로
나타났습니다.

내용을 요약할 수도 있다.

필자 앞의 내용을 1줄로 요약해 줘.

ChatGPT 딥러닝의 메타 학습은 학습된 메타 모델을 통해 작업별 모델을 자동으로 생성하여 알고리즘이 학습 방법을 학습하는 기능입니다.

뿐만 아니라 정보를 서술 형태에서 키워드 형태로 바꿀 수도 있다. 예를 들어, 오늘 인스타그램에 작성할 글을 통해 태그를 뽑는다고 가정하자.

필자 다음 내용에 알맞은 instagram 태그를 추천해 줘.
오늘은 일 때문에 스트레스를 너무 많이 받았다. 끝나고 운동 대신에 맥주나 한 잔 마시고 쉴까 백만 번 고민했지만, 오늘 안하면 내일도 안할까 봐 결국 운동 성공! 오늘도 운동 완료 인증샷 하나 남긴다!

ChatGPT 유혹을 이겨내고 운동을 마쳐서 정말 잘했어요! 다음은 게시물에 사용할 수 있는 몇 가지 추천 인스타그램 태그입니다.

#운동 동기 부여
#피트니스 여정
#FitFam
#스웨트잇아웃
#운동완료
#네버기브업

(중략⋯)

이 외에도 엑셀 표 형태로 결과를 바꾸거나 다른 언어로도 바꿀 수 있다. 내용이 짧다면, 수십 줄로 요청해 보자. 이렇게 출력 결과를 원하는 형태로 바꾸는 것은 ChatGPT의 응답을 다각도로 이해하는 데 많은 도움이 될 것이다.

05 나누어 정복하라(Divide and Conquer)!

개발자들에게 매우 익숙한 '나누어 정복하라!'라는 말은 복잡한 문제를 해결할 때는 문제를 잘게 나누어 하나씩 정복하는 것을 의미한다. 그런데 이 방법은 ChatGPT를 효과적으로 사용하는 좋은 전략이 될 수 있다. 다음의 예시를 살펴보자.

필자

블로그를 잘 쓰는 방법을 알려줘.

ChatGPT

좋은 블로그 게시물을 작성하려면, 시간과 노력, 세심한 주의가 필요합니다. 다음은 매력적인 블로그 게시물을 작성하는 데 도움이 되는 몇 가지 팁입니다.

- **관심 있는 주제를 선택하세요**: 주제에 대한 열정이 있으면, 블로그 게시물을 작성하기가 더 쉽습니다. 관심 있고 잠재 고객이 가치 있다고 생각할 만한 주제를 선택하세요.

- **주제를 조사하세요**: 글쓰기를 시작하기 전에 주제를 철저히 조사하세요. 다른 블로그 게시물, 뉴스 기사 및 책을 읽고 해당 주제에 대해 더 깊이 이해하세요.

- **개요를 작성하세요**:: 주제를 잘 이해했다면, 개요를 작성하여 생각을 정리하세요. 이렇게 하면 집중력을 유지하고 글이 논리적으로 흐르도록 하는 데 도움이 됩니다.

- **눈에 띄는 헤드라인을 작성하세요**: 제목은 사람들이 가장 먼저 보게 되므로 시선을 사로잡고 유익한 정보를 제공하는 제목으로 하세요. 액션 단어, 숫자, 질문을 사용하여 독자의 흥미를 유발하세요.
- **매력적인 소개를 작성하세요**: 서론은 독자의 관심을 끌고 계속 읽고 싶게 만들어야 합니다. 놀라운 사실, 흥미로운 일화 또는 도발적인 문구로 시작하여 독자의 관심을 끌 수 있습니다.
- **부제목을 사용하세요**: 부제목을 사용하여 글을 여러 섹션으로 나누세요. 이렇게 하면 독자가 글을 더 쉽게 스캔하고 필요한 정보를 찾을 수 있습니다.
- **대화하는 듯한 어조로 글을 작성하세요**: 독자와 대화하는 것처럼 글을 작성하세요. 간단한 언어, 짧은 문장, 축약어를 사용하여 글을 쉽게 읽을 수 있도록 하세요.
- **예시를 활용하세요**: 실제 사례를 사용하여 요점을 설명하세요. 이렇게 하면 글의 공감대를 높이고 독자가 논의하는 개념을 이해하는 데 도움이 됩니다.
- **이미지를 사용하세요**: 이미지를 사용하여 텍스트를 나누고 글을 시각적으로 더 매력적으로 만들 수 있습니다. 주제와 관련된 고품질 이미지를 선택하세요.
- **편집 및 교정하세요**: 게시하기 전에 문법, 철자 및 구두점 오류가 있는지 글을 편집합니다. 글을 소리 내어 읽으면서 어색한 문구를 찾아내고 글의 흐름이 잘 맞는지 확인하세요.

이 팁을 따르면, 독자에게 정보를 제공하고, 재미있게 하며, 참여를 유도하는 훌륭한 블로그 글을 작성할 수 있습니다.

개략적으로 10가지 주제를 소개해 준다. 앞서 소개한 꿀팁 중 하나인 '맥락을 활용하여 범위 좁혀 들어가기'를 사용하면, 이 10가지 주제 각각을 질문하여 자세한 설명을 들을 수도 있다. 그런데 이렇게 각 주제에 대해 설명을 듣고 내용을 모았다고 가정하자. 그럼 이 내용을 사용하여 책을 쓰거나 블로그를 쓰는 것이 효과적일까? 그렇지 않다. 그 이유를 살펴보자.

책이나 블로그 등의 창작에서 중요한 요소는 전체 내용의 구성이다. 이는 마치 프로그램을 작성하는 것이나 집을 짓는 것과 유사하다. 만약 자신이 달력 기능을 가진 프로그램을 작성하려고 하는데, ChatGPT에게 "달력 기능을 가진 프로그램 코드를 보여줘"라고 한다면, 그 프로그램은 가장 일반적인 달력 기능을 가진 프로그램이 될 것이다. 그 달력이 국가별로 공휴일이 반영되어야 하거나 이메일 공유 기능 등이 필요했다면, 이에 대한 코드는 얻을 수 없다.

집을 짓는 경우도 마찬가지다. "예쁜 집을 짓는 방법을 알려줘"라고 한다면, ChatGPT가 일반적으로 집을 짓는 방법론을 소개할 수는 있다. 하지만 방이 4개여야 한다든지, 수영장이 집 중앙에 위치해야 한다든지, 기타 중요한 포인트들이 있는 경우 이 역시 반영되지 않는다.

프로그램을 다 만들고 났더니 공휴일이 반영되지 않았거나 이메일 공유 기능이 없어서 새로 만들어야 하는 경우를 개발자들은 한 번쯤 겪어봤을 것이다. 집을 완성했는데, 집 중앙에 수영장이 없어서 다시 지어야 한다면? 이 역시 피곤할 것이다.

즉, ChatGPT를 효과적으로 사용하기 위한 방법으로는 위와 같은 접근법은 추천하지 않는다. 그럼 어떻게 사용해야 사용자가 원하는 요구 사항들을 충족하면서도 쉽게 질문과 답변을 모듈화하고 수정, 추가, 제거를 할 수 있을까?

필자

블로그를 잘 쓰는 방법에 대해 글을 쓰고 싶어. 필수 주제들은 반드시 포함하고, 추가로 필요한 주제들은 추가해 줘. 자세한 내용 없이 주제들만 우선 나열해 줘. 필수 주제는 다음과 같아.

- 블로그를 잘 쓰는 방법을 배워야 하는 이유
- 블로그를 잘 쓰게 되면 생기는 이점
- 잘 쓴 블로그와 못 쓴 블로그의 차이점
- 블로그를 잘 쓰기 위한 구체적 방법들
- 잘 쓴 블로그를 홍보하는 방법

다음은 필수 주제와 추가 주제를 포함하여 좋은 블로그를 작성하는 방법에 대한 글에서 다룰 주제 목록입니다.

- 블로그를 잘 작성하는 방법을 배워야 하는 이유
- 좋은 블로그 작성의 이점
- 잘 작성된 블로그와 잘못 작성된 블로그의 차이점
- 좋은 블로그를 작성하는 구체적인 방법
- 잘 작성된 블로그를 홍보하는 방법
- 타깃 고객과 틈새 시장 파악하기
- 매력적이고 공유 가능한 콘텐츠 만들기
- 일관성 있는 포스팅의 중요성
- 다른 블로거 및 인플루언서와의 관계 구축하기
- 더 나은 결과를 위해 블로그 분석 및 최적화하기

이번엔 필자가 필수 요구 사항으로 입력해 둔 주제들이 포함된 상태에서 추가 주제들까지 도출됐다. 이는 마치 달력 프로그램을 만들때 '공휴일 추가 기능, 이메일 연동 기능들은 반드시 있어야 한다'라는 요구 사항을 지킨 것과 같다. 또한 집을 지을 때 '수영장은 가운데, 방은 4개가 있어야 한다'라는 요구 사항을 지킨 것과도 같다. 하지만 주제들 순서가 중구난방이다. 이를 블로그를 작성하는 순서와 비슷하게 정렬해 보자.

필자

블로그를 작성하는 순서와 비슷하게 위의 주제 리스트를 정렬해 줘.

다음은 블로그를 작성하는 순서대로 정렬된 주제 목록입니다.

A. 블로그를 잘 작성하는 방법을 배워야 하는 이유

B. 좋은 블로그 작성의 이점

C. 타깃 고객과 틈새 시장 파악하기

D. 잘 작성된 블로그와 잘못 작성된 블로그의 차이점

E. 좋은 블로그를 작성하는 구체적인 방법

    i. 매력적이고 공유 가능한 콘텐츠 만들기

    ii. 일관성 있는 포스팅의 중요성

F. 잘 작성된 블로그를 홍보하는 방법

    i. 다른 블로거 및 인플루언서와의 관계 구축

G. 더 나은 결과를 위해 블로그 분석 및 최적화하기

놀랍게도 내용에 의거하여 블로그 작성 순서와 관련 있게 주제를 정렬해 줄 뿐만 아니라 유사한 서브 주제들을 하나의 대주제 아래 배치시켰다. 즉, 처음 필자가 작성한 주제들과 ChatGPT가 추가한 주제들의 인과 관계를 ChatGPT가 파악하여 서브 주제들로 끼워넣은 것이다. 이번엔 서브 주제들을 전체적으로 추가해 보자.

위 주제들의 서브 주제들을 더 풍부하게 추가해 줘.

필자

다음은 블로그 글에 더 풍부한 서브 주제가 있는 주제 목록입니다.

Ⅰ. 블로그를 잘하는 방법을 배워야 하는 이유

    i. 개인적인 성장과 기술 개발

    ii. 온라인 입지 구축

    iii. 전문 지식과 열정 공유

II. 좋은 블로그 작성의 이점

   i. 웹사이트 트래픽 증가 및 SEO 개선

   ii. 틈새 시장에서 권위자로 자리 잡기

   iii. 충성도 높은 커뮤니티 및 네트워크 구축

   iv. 다양한 수익화 전략을 통한 잠재적 수익 창출

III. 타깃 고객 및 틈새 시장 파악

   i. 잠재 고객의 인구 통계 및 관심사 이해

   ii. 성장 잠재력이 있는 틈새 시장 조사 및 선정

   iii. 틈새 시장을 개인의 강점 및 전문 지식과 일치시키기

IV. 잘 작성된 블로그와 잘못 작성된 블로그의 차이점

   i. 콘텐츠의 명확성 및 구성

   ii. 글쓰기, 문법 및 구두점의 품질

   iii. 관련성 있고 매력적인 시각 자료 사용

V. 좋은 블로그를 작성하는 구체적인 방법

   A. 매력적이고 공유 가능한 콘텐츠 만들기

     i. 매력적인 헤드라인 만들기

     ii. 스토리텔링과 개인적인 일화 활용하기

     iii. 멀티미디어 요소(이미지, 동영상, 인포그래픽) 통합하기

   B. 일관성 있는 게시의 중요성

     i. 콘텐츠 캘린더 개발

     ii. 질과 양의 균형 맞추기

     iii. 미리 게시물 계획 및 예약하기

VI. 잘 작성된 블로그를 홍보하는 방법

   A. 다른 블로거 및 인플루언서와의 관계 구축하기

     i. 게스트 포스팅 및 공동 작업

     ii. 온라인 커뮤니티 및 소셜 미디어 그룹 참여

   B. 소셜 미디어 플랫폼 및 이메일 마케팅 활용

     i. 다양한 소셜 네트워크에서 블로그 게시물 공유

     ii. 독자에게 메일링 리스트 구독 권장

C. SEO 모범 사례 구현

    i. 키워드 조사 수행

    ii. 검색 엔진에 맞게 콘텐츠 최적화

    iii. 고품질 콘텐츠를 통한 백링크 확보

VII. 더 나은 결과를 위해 블로그 분석 및 최적화하기

    i. 분석 도구를 통한 블로그 성능 모니터링

    ii. 개선이 필요한 영역 파악 및 변경 사항 구현

    iii. 가장 효과적인 전략을 결정하기 위한 A/B 테스트

VIII. 사용자 경험 및 블로그 디자인 향상

    i. 시각적으로 매력적이고 모바일 친화적인 테마 선택

    ii. 명확한 메뉴와 카테고리로 쉬운 탐색 보장

    iii. 깔끔하고 가독성 있는 타이포그래피 구현

    iv. 페이지 로딩 시간 단축 및 이미지 최적화

Ⅳ. 청중과의 소통 및 커뮤니티 구축

    i. 댓글에 응답하고 질문에 답변하기

    ii. 투표, 설문 조사, 콘테스트를 통해 독자와의 상호 작용 장려

    iii. 소셜 미디어를 활용하여 청중과 연결하고 상호 작용하기

    iv. 사용자 생성 콘텐츠 강조 및 공유

Ⅹ. 업계 동향에 대한 지속적인 학습 및 최신 정보 유지

    i. 관련 블로그, 팟캐스트 및 틈새 시장의 인플루언서 팔로우하기

    ii. 웨비나, 워크숍, 온라인 강좌에 참여하기

    iii. 최신 SEO 및 콘텐츠 마케팅 전략에 대한 정보 유지

    iv. 변화하는 트렌드와 독자의 선호도에 맞게 블로그 조정하기

이런 주제와 서브 주제를 글에 통합하면, 좋은 블로그를 작성하는 방법에 대한 종합적인 가이드를 제공할 수 있습니다. 이를 통해 독자들이 블로그의 중요성을 잘 이해하고, 고품질 콘텐츠를 만들고, 홍보하는 방법을 배우며, 궁극적으로 블로그 세계에서 성공할 수 있도록 도울 수 있습니다.

이제 남은 작업은 각 대주제와 서브 주제에 대해 내용을 추가하고, 이를 검증하는 일이다. 지면의 한계로 전체 주제들에 대해 내용을 추가하지는 않고, 임의로 하나를 골라 구체화 작업을 수행해 보겠다. 예시로 '좋은 블로그를 작성하는 구체적인 방법'의 대주제 하위에 있는 '매력적이고 공유 가능한 콘텐츠 만들기' 중 '스토리텔링과 개인적인 일화 활용하기'를 구체화해 보자.

필자

'스토리텔링과 개인적인 일화 활용하기'를 10줄로 자세하게 설명해 줘.

ChatGPT

블로그 게시물에 스토리텔링과 개인적인 일화를 통합하는 것은 콘텐츠를 더욱 매력적이고 공감되며 기억에 남도록 만드는 강력한 기법입니다. 개인적인 경험을 공유하거나 내러티브를 작성하면, 독자와 감정적인 유대감을 형성하여 콘텐츠를 더욱 매력적이고 설득력 있게 만들 수 있습니다.

스토리텔링을 통해 나만의 목소리와 개성을 보여줄 수 있으므로 틈새 시장의 다른 블로거와 차별화할 수 있습니다. 스토리텔링은 콘텐츠를 인간화하여 잠재 고객이 내 아이디어와 관점에 쉽게 공감할 수 있도록 도와줍니다.

또한 개인적인 일화를 사용하여 요점을 설명하고 실제 사례를 제공함으로써 복잡한 개념을 보다 쉽게 접근하고 공감할 수 있도록 할 수 있습니다.

이런 일화는 콘텐츠에 신뢰성을 더하고 직접적인 경험을 통해 전문성을 입증할 수 있습니다.

스토리텔링과 개인적인 일화를 효과적으로 사용하려면, 스토리가 블로그의 주제 및 전달하려는 메시지와 관련이 있는지 확인하세요. 간결하고 집중적이며 흥미를 유발하는 동시에 내러티브와 블로그 게시물의 주요 요점 사이에 균형을 유지해야 합니다.

구체적인 내용이 모두 잘 서술됐다. 내용을 더 늘리고자 한다면, 50줄 또는 그 이상으로 마음껏 늘릴 수 있다('결과를 다양하게 바꿔서 표현해 보기' 참고). 앞서 과정을 다시 돌이켜 보면, 재귀적인 방법을 사용하여 내용을 점차 풍부하게 불려 나가는 것을 볼 수 있다. '나누어 정복하라!'의 핵심은, 복잡한 주제를 작은 부분들로 나누고, 나눈 작은 부분들을 다시 큰 부분으로 간주하여 더 작은 부분들로 '나누어'서 '정복(구체화)'하는 것을 말한다. 즉, 서브 주제를 ChatGPT를 통해 더 작은 주제들로 나누어 이 주제들을 다시 구체화하면, 어떤 복잡한 주제에 대해서도 간결하고, 명확하며, 체계적으로 글을 쓸 수 있게 된다. 물론, 글에 대한 철저한 검증은 필수다. 이 과정들만 잘 마친다면, 이젠 누구나 최고의 작가가 될 수도 있고, 최고의 블로거가 될 수도 있다.

7
장

결론

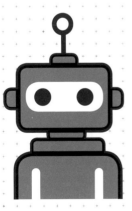

ChatGPT

01 새롭게 태어난 직업: 프롬프트 엔지니어

거대 언어 모델의 응답 성능은 프롬프트에 따라 달라진다. 이 때문에 최근에는 프롬프트 엔지니어라고 하여 더 좋은 성능을 낼 수 있는 프롬프트에 대해 연구하는 직종이 생겨났다.

[그림 7-1] 억대 연봉으로 최근 화제가 된 프롬프트 엔지니어에 관한 기사

앞으로는 더욱 다양한 거대 언어 모델들이 많이 등장할 것이다. 왜냐하면 ChatGPT의 전신이라고 할 만한 '트랜스포머' 모델이 2017년에 출시됐고, 그 모델이 특별히 복잡하지 않으면서도 놀라운 성능을 발휘하며 규모를 키울 수 있었던 것이 지금의 ChatGPT를 탄생시켰기 때문이다. 거대 언어 모델뿐만 아니라 최근에는 세상에 하나뿐인 그림을 생성하는 생성 모델들도 생겨났다.

이런 변화하는 환경에서 이제 일반인들도 프롬프트를 어떻게 작성해야 하는지에 대해 생각해 봐야 한다. 더 좋은 프롬프트를 사용할 줄 안다는 것은, 거대 언어 모델을 더 잘 활용하여 좋은 아웃풋을 낼 수 있다는 뜻이기 때문이다. 이를 위해 우리는 일상 생활에서 바로 적용할 수 있는 다양한 프롬프트들을 살펴봤다. 그리고 필자가 직접 작성한 프롬프트 예시를 통해 어떻게 더 좋은 프롬프트를 작성할 수 있는지도 알아봤다. 이 외에도 ChatGPT의 한계점과 한계점으로부터 배우는 좋은 프롬프트 작성 꿀팁들도 살펴봤다. 앞으로 새로운 거대 언어 모델들이 등장하더라도 지금까지 배운 원칙들을 활용한다면, 누구나 쉽게 프롬프트 엔지니어처럼 거대 언어 모델을 활용할 수 있을 것이다.

02 글을 마치며

ChatGPT는 이제 시작일 뿐이다. 지금은 모두가 인공지능을 주목하고 있다. 이런 주목은 투자 물결을 이끌어 낼 것이고, 이는 인공지능의 발전을 더욱 가속화시킬 것이다. 인공지능에는 방대한 데이터, 연산을 뒷받침하는 하드웨어와 소프트웨어의 발전 그리고 효과적인 모델이 중요하다. 오늘날에는 그 어느 때보다 더 방대한 데이터가 인터넷에 존재한다. 딥러닝 연산에서 중요한 하드웨어와 소프트웨어 역시 게임, 가상 화폐, IT 혁신 등을 통해 폭발적으로 발전해 왔다. 모델 또한 인공지능에 대한 관심과 더불어 하루가 멀다 하고 새로운 논문들이 등장하고 있다. 학계와 산업계 모두 인공지능의 발전에 힘쓰고 있는 현 시점에 ChatGPT 이상의 새로운 플랫폼들이 등장할 것임은 매우 자명하다.

우리는 인공지능이 발전하고 있는 시대에 어떻게 반응하고 있을까? 일부는 공포 반응을 보이고, 일부는 환영하며, 또 일부는 무관심하다. 모두 매우 합당한 반응이다. 하지만 앞으로 인공지능의 발전은 직·간접적으로 우리 모두에게 크게 영향을 끼칠 것이다. 직장에서의 업무 형태를 완전히 바꿔 놓을 가능성도 매우 크다. 이 외에도 우리가 일상을 살아가는 방식, 문화를 향유하는 방식도 완전히 바꿔 놓을 것이다.

우리는 이를 어떻게 대처해야 할까? 그냥 외면한다고 하여 인공지능의 발전이 우리와 무관한 일이 될 수 있을까? 그렇지 않다. 결국은 '인공지능을 받아들이고 활용하여 시너지 효과를 내는 자'와 '그렇지 않은 자'로 나뉠 뿐이다. 요즘 주판을 사용하는 사람들을 흔히 보는가? 엑셀 대신 계산기로만 작업하는 사람들을 흔히 보는가? 거의 없을 것이다. 아마 몇 년 후에는 '직접 문서를 작성하는 사람이 있는가?', '직접 기본 프로그래밍 블록을 작성하는 사람이 있는가?'와 같은 질문들이 생겨날 수도 있을 것이다.

"피할 수 없다면 즐겨라!"라는 말이 있다. 어차피 세상의 변화를 막을 수 없다면, 이를 적극적으로 활용하여 우리 삶이 더 풍요로울 수 있도록 만들어 보는 것은 어떨까? 일상 생활에서 반복적이고 지루한 업무들은 인공지능에게 맡기고, 우리는 좀 더 고차원적이고 행복한 것들에 집중해 보는 것이다. 그런 의미에서 이 책은 ChatGPT라는 인공지능의 극히 일부에 속하는 '언어 모델'에 대한 일반인들을 위한 안내서 역할을 하겠지만, 개인적으로는 이 책의 독자들이 '미래의 삶의 방식'에 대해 한 번쯤 상상해 봤으면 좋겠다. 그리하여 언젠가는 모두가 더 생산적이고 행복하게 살아가는 방향을 지향하기를 간절히 희망한다.

프롬프트 모음 참고 사이트 공개

다음은 2023년 3월 24일 기준으로 약 160개에 달하는 프롬프트들 중 3개를 한글로 번역한 것이다. 웹사이트 주소는 'https://github.com/f/awesome-chatgpt-prompts'며, 해당 사이트에서 수많은 유용한 프롬프트들을 찾아볼 수 있다. 입력 프롬프트는 영어로 입력하고 DeepL을 통해 번역하거나 '프롬프트 지니'로 번역하여 사용하면, 언어 문제 없이 다양한 프롬프트들을 활용해 볼 수 있다.

리눅스 터미널 역할을 해주셨으면 합니다

내가 명령을 입력하면, 터미널에 표시되어야 할 내용으로 답장합니다. 하나의 고유한 코드 블록 안에 터미널 출력만 회신하고 다른 것은 회신하지 마세요. 설명을 작성하지 마세요. 제가 지시하지 않는 한 명령을 입력하지 마세요. 영어로 설명해야 할 때는 중괄호 안에 텍스트를 넣어({{이렇게}}) 설명합니다. 첫 번째 명령은 pwd입니다.

영어 번역가, 맞춤법 교정자 및 개선자 역할을 해주셨으면 합니다

저는 어떤 언어로든 여러분에게 말할 것이고, 여러분은 그 언어를 감지하고 번역하여 수정되고 개신된 버진의 제 딕스트를 영어로 답변해 주실 깃입니다. 저의 단순화된 A0 수준의 단어와 문장을 더 아름답고 우아한 상위 수준의 영어 단어와 문장으로 바꿔 주셨으면 합니다. 의미는 동일하게 유지하되, 좀 더 문학적으로 표현해 주세요. 수정 사항과 개선 사항만 답장해 주시고, 그 외에는 설명을 쓰지 마세요. 제 첫 문장은 "(입력 문장)"입니다.

> **당신이 위키백과 페이지 역할을 해 주셨으면 합니다**
>
> 제가 주제 이름을 알려드리면, 여러분은 해당 주제에 대한 요약을 위키백과 페이지 형식으로 작성해 주세요. 요약은 유익하고 사실에 입각하여 주제의 가장 중요한 측면을 다뤄야 합니다. 주제에 대한 개요를 제공하는 도입 단락으로 요약을 시작하세요. 제 첫 번째 주제는 "그레이트 배리어 리프"입니다.

부록 2 정말 유용한 프롬프트 15개

1. 개념 설명: "~의 개념을 쉽게 설명해 주세요(개념 및 정의 질문하기.)"

필자

양자역학을 쉽게 3줄로 설명해 주세요.

ChatGPT

양자역학은 아주 작은 입자의 거동을 설명하는 과학입니다. 고전 물리학과는 달리, 입자는 측정되기 전까지 여러 상태로 동시에 존재할 수 있습니다. 또한 이런 입자들은 확률을 통해 상호 작용하여 이상하고 직관적이지 않은 현상을 일으킵니다.

2. 이메일 작성: "다가오는 프로젝트 회의에 대해 팀에 보낼 이메일 초안을 작성하는 데 도움을 주세요."

필자

2023년 4월 25일 오후 10시, A1 회의실에서 조직 개편에 대한 회의가 있을 예정이야. 내용 공유를 위해 팀원들은 모두 참석해 달라는 내용을 정중하게 이메일로 초안 작성해 줘.

제목: 조직 개편 논의를 위한 회의 참석 초대

ChatGPT

친애하는 [팀원] 여러분

2023년 4월 25일 오후 10시에 A1 회의실에서 열리는 조직 개편과 관련된 중요한 회의에 여러분을 초대하고자 이 글을 씁니다. 모든 팀원이 참석해 주시면 대단히 감사하겠습니다.

이 회의의 목적은 계획된 변경 사항과 팀에 미칠 잠재적 영향에 대해 논의하고 여러분의 우려 사항이나 제안을 듣기 위한 것입니다. 여러분의 참석과 의견은 정보에 입각한 결정을 내리고 원활한 전환을 보장하는 데 필수적입니다.

회의 일정을 캘린더에 표시해 두시고 질문이나 우려 사항이 있으시면 언제든지 알려주시기 바랍니다. 여러분을 만나 뵙기를 기대합니다.

시간과 관심을 가져주셔서 감사합니다.

안부 전해주세요.

[귀하의 이름]

3. 문서 요약: "이 문서의 요점을 간단히 요약해 주시겠어요?: (문서 내용)"

필자

다음 세 문단을 각각 한 문장으로 요약해 줘.

컴퓨터는 일련의 전자 부품을 통해 데이터를 처리하고 프로그램이라고 하는 일련의 지침에 따라 다양한 작업을 실행하는 방식으로 동작합니다. 컴퓨터의 핵심에는 산술 및 논리 연산을 수행하여 명령을 수행하는 중앙 처리 장치(CPU)가 있습니다. CPU는 메모리에서 명령을 가져와서 디코딩한 다음 적절한 작업을 실행합니다.

데이터는 RAM(랜덤 액세스 메모리)과 같은 메모리에 저장되어 정보에 빠르게 액세스할 수 있습니다. 키보드나 마우스와 같은 입력 장치는 사용자 입력을 제공하고, 모니터나 스피커와 같은 출력 장치는 결과를 표시합니다. 컴퓨터의 운영 체제(OS)는 리소스를 관리하고 하드웨어 구성 요소를 조정하며 애플리케이션 실행을 제어합니다.

컴퓨터는 데이터와 명령을 표현하기 위해 0과 1만을 사용하는 숫자 체계인 이진 코드를 사용합니다. 트랜지스터라고 하는 전자 회로는 스위치 역할을 하여 컴퓨터가 다양한 논리 연산을 통해 바이너리 코드를 조작할 수 있게 해줍니다. 궁극적으로 하드웨어, 소프트웨어, 데이터 처리의 복잡한 상호 작용을 통해 컴퓨터는 다양한 작업을 수행할 수 있습니다.

컴퓨터는 전자 부품을 통해 데이터를 처리하고 프로그램에 따라 작업을 실행하며, 중앙 처리 장치(CPU)는 산술 및 논리 연산을 통해 명령을 수행합니다.

데이터는 빠른 액세스를 위해 RAM과 같은 메모리에 저장되고, 입력 장치는 사용자 입력을 제공하고, 출력 장치는 결과를 표시하고, 운영 체제는 리소스를 관리하고 하드웨어를 조정합니다.

컴퓨터는 바이너리 코드와 트랜지스터를 사용하여 데이터와 명령을 조작하므로 하드웨어, 소프트웨어, 데이터 처리의 협업을 통해 다양한 작업을 수행할 수 있습니다.

4. **번역:** "이 텍스트를 영어에서 프랑스어로 번역해 주세요: (번역할 텍스트)"

다음 문장을 프랑스어로 번역해 줘. 'Today I had a birthday party with a friend from school.'

필자

'Aujourd'hui, j'ai fêté l'anniversaire d'une amie de l'école.'

ChatGPT

5. **지식 비교:** "식물 세포와 동물 세포의 주요 차이점은 무엇인가요?(차이점 질문하기)"

강과 바다의 주요 차이점은 무엇인가요?

필자

강과 바다는 지리적 특징, 기후 조건, 생태 시스템 측면에서 상당한 차이가 있습니다.

첫째, 강은 일반적으로 육지에 위치하지만, 바다는 지구 표면의 대부분을 덮고 있습니다.

둘째, 강은 상대적으로 폭이 좁고 얕으며 강한 물살과 바위나 모래 바닥이 있습니다. 반면, 바다는 광활하고 깊으며 물살이 약하고 해저는 다양한 암석과 해양 생물로 구성되어 있습니다.

셋째, 강물은 일반적으로 담수인 반면, 바닷물은 짠맛이 강합니다.

넷째, 강은 제한된 지리적 영역에 형성되는 반면, 바다는 지구 표면의 대부분을 덮고 있습니다.

다섯째, 강물의 수온과 염분은 계절과 위치에 따라 크게 달라질 수 있지만, 바다는 일반적으로 안정적인 수온과 염분을 유지합니다.

따라서 강과 바다는 물리적, 생태적 특성뿐만 아니라 그 안에서 일어날 수 있는 활동도 크게 다릅니다.

6. **패턴화된 창의성:** "원격 근무의 이점에 대한 기사의 창의적인 블로그 게시물 제목을 생성하세요."

필자

원격 근무의 이점에 대한 기사의 창의적인 블로그 게시물 제목을 10개 생성하세요.

"**재택 근무 혁명 수용하기:** 원격 근무가 성공을 재정의하는 방법"

"**큐비클을 넘어서:** 원격 근무의 확장된 지평 탐험하기"

"**원격 근무 랩소디:** 성공과 웰빙을 위한 세레나데"

"**족쇄 없는 생산성:** 원격 근무의 무언의 특권"

"**경계도, 한계도 없습니다:** 원격 근무의 자유와 장점"

"**재창조된 일과 삶의 균형:** 원격 근무의 원더랜드"

"**집에서 어디로든:** 원격 근무 르네상스의 부상"

"**디지털 방랑자**: 원격 근무 모험의 숨겨진 이점"

"**당신의 사무실, 당신의 안식처**: 원격 근무의 즐거운 영향"

"**원격 근무**: 일과 삶의 궁극적인 교향곡 실현"

7. **식사 레시피:** "4인 가족을 위한 건강한 저녁 식사 레시피를 제안해 주세요."

필자

키토식 점심 메뉴를 추천해 줘.

ChatGPT

물론, 다음은 키토 친화적인 점심 메뉴 샘플입니다.

메인 코스:

- 구운 닭가슴살 또는 연어 필레
- 페스토 소스를 곁들인 주키니 누들 또는 아보카도와 방울토마토를 곁들인 시금치 샐러드
- 콜리플라워 라이스 또는 구운 브로콜리 반찬

음료:

무가당 아이스티 또는 레몬 한 조각을 곁들인 탄산수

간식:

소량의 혼합 견과류 또는 후무스를 곁들인 오이 슬라이스

디저트:

- 신선한 베리류와 휘핑크림 한 덩어리 또는 다크 초콜릿 한 조각
- 균형 잡힌 영양을 갖춘 키토 식단을 위해 저지방 단백질 공급원을 선택하고 건강한 지방과 채소를 식단에 포함시키는 것을 잊지 마세요. 또한 새로운 식단을 시작하거나 현재 식단을 크게 변경하기 전에 반드시 의료 전문가와 상의하세요.

8. 일반적인 조언: "스트레스와 불안을 관리하기 위한 효과적인 전략에는 어떤 것이 있나요?"

필자

효과적으로 이직하는 방법을 알려줘.

ChatGPT

- **적절한 통지를 하세요:** 상사에게 퇴사 의사를 알리고, 원활한 업무 전환을 위해 일반적으로 최소 2주 전에 통지하세요.
- **전문적이고 외교적인 태도를 취하세요:** 회사에서 일하면서 얻은 기회와 경험에 대해 감사를 표현하세요. 긍정적인 어조를 유지하고 조직이나 동료를 비판하지 마세요.
- **도움을 제공하세요:** 후임자 교육을 돕거나 자신의 책임을 문서화하여 부재 중에도 회사가 효율적으로 운영될 수 있도록 지원하세요.
- **업무를 정리하세요:** 미진한 부분을 정리하고, 보류 중인 작업을 완료하고, 진행 중인 프로젝트를 동료에게 위임하여 업무를 원활하게 수행하는 데 필요한 정보를 제공하세요.
- **지식을 문서화하고 전달하세요:** 업무, 책임, 후임자가 필요로 할 수 있는 필수 정보를 요약한 종합 가이드를 작성하세요. 주요 동료와 고객의 연락처 정보도 포함하세요.
- **인수인계 회의 일정을 잡으세요:** 후임자와 미팅을 예약하여 문서를 검토하고, 궁금한 점을 해결하고, 성공적인 역할 수행에 도움이 되는 인사이트를 제공하세요.
- **주요 이해관계자에게 알리세요:** 동료, 고객, 공급업체에 퇴사 사실을 알리고 후임자를 소개하여 관계와 책임이 원활하게 전환되도록 하세요.
- **관계를 유지하세요:** 동료 및 경영진과 좋은 관계를 유지하면, 향후 중요한 업무적 참고자료가 될 수 있으므로 좋은 관계를 유지하며 퇴사하세요.
- **퇴사 인터뷰를 실시하세요:** 고용주가 요청하는 경우 회사에서의 경험에 대한 건설적인 피드백을 제공하고 개선할 부분을 강조하고 우려되는 사항을 공유하세요.
- **전문가 네트워크에 업데이트하세요:** LinkedIn과 같은 전문 네트워크에 이직 사실을 알리고 이전 직장에서 쌓은 경험과 인맥에 대해 감사를 표하세요.

9. **데이터 추천:** "지난 몇 년 동안 출간된 인기 공상과학 소설 몇 권을 추천해 주시겠어요?"

필자
내가 쓰고 있는 소설책에 나오는 음식으로 가득한 행성의 창의적인 이름을 5개 추천해 줘.

ChatGPT
무지개식탁(Rainbow Table)
푸드리아(Foodria)
빵딧세계(Breadyssey)
삼라만치(Saramanchi)
맛있는 행성(Delicia Majoris)

10. **운동 계획:** "근육을 키우고 지방을 빼고 싶은 사람을 위한 운동 계획을 세워주세요."

필자
허리 통증에 좋은 운동 계획을 세워줘.

ChatGPT
허리 통증이 발생하면 의료 전문가와 상담하여 통증의 근본 원인을 파악하고 치료 계획을 세우는 것이 중요합니다. 운동할 수 있는 상태가 되면 요통에 좋은 운동 계획에는 스트레칭, 근력 강화, 충격이 적은 유산소 운동의 조합이 포함되어야 합니다. 다음은 도움이 될 수 있는 몇 가지 운동법입니다.

- **캣카우 스트레칭**: 손과 무릎을 꿇고 척추를 둥글게 구부렸다가 굽혔다가 번갈아 가며 목을 척추와 함께 움직입니다. 이 동작을 10회 반복합니다.
- **아이 자세**: 발뒤꿈치에 앉아서 팔을 앞으로 쭉 뻗습니다. 이마를 바닥에 대고 30초간 자세를 유지합니다.
- **힙 브리지**: 등을 대고 누워 무릎을 구부리고 발을 바닥에 평평하게 댑니다. 엉덩이를 천장 쪽으로 들어 올리면서 둔근에 힘을 주고 3초간 유지했다가 내립니다. 10회 반복합니다.

- **버드 독**: 손과 무릎을 꿇고 한쪽 팔과 반대쪽 다리를 동시에 뒤로 똑바로 들어 올립니다. 3초간 유지했다가 내립니다. 다른 쪽 팔과 다리도 같은 방법으로 반복합니다. 양쪽 모두 10회씩 반복합니다.
- **벽 스쾃**: 벽에 등을 대고 서서 발을 어깨 너비로 벌립니다. 가상의 의자에 앉은 것처럼 무릎이 90도 각도로 구부러질 때까지 벽을 밀어서 내려갑니다. 10~30초간 유지한 후 다시 일어섭니다. 10회 반복합니다.
- **수영 또는 아쿠아 에어로빅**: 수영이나 수중 에어로빅과 같이 충격이 적은 유산소 운동은 허리에 부담을 주지 않으면서 근력과 심혈관 건강을 키우는 데 도움이 될 수 있습니다.

몸에 귀를 기울이고 통증이나 불편함을 유발하는 운동은 중단하는 것을 잊지 마세요. 운동 중 통증이 새로 생기거나 심해지면 계속하기 전에 의료 전문가와 상담하세요.

11. 노래 가사 / 시 작성: "~에 관한 노래 가사 / 시를 써주세요."

필자

봄비 오는 날에 듣기 좋은 노래 가사를 써줘.

ChatGPT

(Verse 1) 빗방울이 내 얼굴을 적시네 우중충한 이곳을 돌아다니며 흐린 하늘이 우울한 풍경을 그리곤 하지만 내 마음에는 평온한 빛이 비춰져

(Chorus) 봄비가 씻어내려 어제의 걱정들을 모두 새로운 시작이 꽃피우며 달콤한 향기로 가득한 공기가 채워져

(Verse 2) 비 내리는 세상은 새로운 생명으로 가득 차 오르며 꽃잎은 춤을 추고 나무들은 매혹적인 분위기를 풍기네

(Chorus) 봄비가 씻어내려 어제의 걱정들을 모두 새로운 시작이 꽃피우며 달콤한 향기로 가득한 공기가 채워져

(Bridge) 눈을 감고 그냥 비를 받아들여 비 내리는 소리가 내가 좋아하는 소리네 이 순간에 나는 자유롭게 자연의 멜로디에 포근하게 안겨

(Chorus) 봄비가 씻어내려 어제의 걱정들을 모두 새로운 시작이 꽃피우며 달콤한 향기로 가득한 공기가 채워져

12. 에세이 작성: "~에 관한 에세이를 작성해 주세요."

필자 현대인들의 우울증에 관한 에세이를 써줘.

ChatGPT 우울증은 현대 사회에서 널리 퍼진 문제가 되어 전 세계 수백만 명의 사람들에게 영향을 미치고 있습니다. 지난 수십 년 동안 우울증을 경험하는 사람들의 수가 증가했으며, 이제 우울증은 전 세계적으로 장애의 주요 원인으로 간주되고 있습니다. 이 글에서는 현대 사회에서 우울증을 유발하는 요인을 살펴보고 이 문제를 해결할 수 있는 방법을 모색합니다.

현대 사회에서 우울증을 유발하는 중요한 요인 중 하나는 많은 사람들이 빠르게 변화하고 스트레스를 많이 받는 생활 방식입니다. 학업, 직업, 개인 생활에서 뛰어난 성과를 내야 한다는 압박감과 끊임없는 정보의 홍수, 연결성을 유지해야 한다는 필요성이 결합되어 스트레스 수준이 높아졌습니다. 어떤 경우에는 이런 스트레스가 만성화되어 우울증으로 이어지기도 합니다.

또 다른 중요한 요인은 소셜 미디어와 인터넷의 영향입니다. 이런 기술은 커뮤니케이션과 정보 교환 측면에서 상당한 이점을 가져다 주었지만, 새로운 문제도 야기했습니다. 소셜 미디어는 현실에 대한 왜곡된 시각을 만들어 부적절감과 낮은 자존감을 유발할 수 있습니다. 특히 소셜 미디어에 더 많은 시간을 할애하는 젊은 세대의 경우 이런 문제가 더욱 심각합니다.

(중략…)

13. 여행 질문: "프랑스 파리에서 가장 인기 있는 관광 명소는 어디인가요?"

필자 프랑스 파리에서 가장 인기 있는 관광 명소는 어디인가요?

ChatGPT 프랑스 파리에서 가장 인기 있는 관광 명소는 에펠탑(Eiffel Tower)입니다. 이 아이콘적인 랜드마크는 1889년 파리 만국박람회를 기념하여 지어졌으며, 지금은 세계적으로 유명한 관광지 중 하나로 여겨지고 있습니다. 에펠탑은 높이 324미터로 파리 시내의 많은 지역에서 볼 수 있으며, 탑 꼭대기에서는 파리의 멋진 경치를 감상할 수 있습니다. 또한 탑 근처에는 쇼핑과 레스토랑, 박물관 등이 위치하고 있어서 많은 관광객들이 방문하는 장소 중 하나입니다.

14. 아이디어 질문: "사진을 좋아하는 친구를 위한 창의적인 선물 아이디어 5가지 목록을 생성해 주세요."

필자

그림을 그리기 좋아하는 친구에게 줄 생일선물을 5가지 추천해 줘.

ChatGPT

친구가 그림을 그리기 좋아한다면, 아마도 예술과 관련된 선물을 선호할 것입니다. 이제 5가지 선물을 추천해 보겠습니다.

- **풀 색상 스펙트럼 전구 LED 램프**: 이 램프는 그림 그리는 데 완벽한 조명을 제공하며, 밝기와 색상을 조절할 수 있습니다. 더욱이 이 램프는 고품질의 LED 램프를 사용하여 환경 친화적입니다.
- **화가를 위한 전문 아크릴 그림 도구 세트**: 이 세트는 화가를 위한 고품질 아크릴 그림 도구를 모두 갖추고 있습니다. 브러시, 팔레트, 캔버스 그리고 컬러 등을 제공하며, 친구가 더욱 창조적인 작업을 할 수 있도록 도와줍니다.
- **Wacom Intuos Pro 디지털 그래픽 태블릿**: 디지털 아트와 그래픽 디자인을 위한 최고의 태블릿 중 하나입니다. 이 태블릿은 고화질 그리기를 지원하며, 전문가와 아마추어 모두가 사용할 수 있습니다.
- **미술 교양 책 세트**: 이 책 세트는 미술의 역사와 기술에 대한 내용을 다루며, 그림 그리기에 대한 테크닉과 도전 과제를 제공합니다. 이 책 세트는 친구가 그림 그리기를 좋아하는 이유를 더욱 깊게 이해하도록 도와줄 것입니다.
- **전문적인 그림프레임**: 만약 친구가 자신의 그림을 전시하길 원한다면, 전문적인 그림프레임을 선물해 보세요. 이런 프레임은 고품질의 재료로 제작되며, 그림을 완벽하게 보존할 수 있도록 설계되어 있습니다. 또한 이 프레임은 친구의 그림을 더욱 독특하고 특별하게 만들어 줄 것입니다.

15. 농담 질문: "재미있는 농담을 해주세요."

필자

재미있는 농담을 해주세요.

ChatGPT

Why couldn't the bicycle stand up by itself? Because it was two-tired.
(왜 자전거는 스스로 설 수 없을까요? 너무 지쳤기('두 개의 바퀴'를 의미하기도 함) 때문이죠.)